JN146866

平成29年改訂
中学校 教育課程実践講座

特別活動

城戸 茂／島田 光美
美谷島 正義／三好 仁司 編著

ぎょうせい

はじめに

　このたび，新中学校学習指導要領が平成29（2017）年3月に告示された。特別活動については平成30（2018）年度から先行実施される。

　今回の改訂は「社会に開かれた教育課程」を目指すべき理念としており，教育課程全体や各教科等で育成する資質・能力を明確にし，学校教育の目標を社会と共有しながら実現することを意図している。

　特別活動についても，各活動等を通じて「何ができるようになるのか」という観点から，「何を学ぶか」「どのように学ぶか」を明らかにすることが求められる。

　学校教育の新たなチャレンジが始まろうとしている。

　とはいえ，教員は多忙である。平成29（2017）年4月に教員勤務実態調査の速報値が発表されると，「中学校教員の6割が過労死水準を超過」など，教員の長時間勤務の深刻さを伝える報道が相次いだ。

　そこで，本書は，忙しい先生方の授業準備に少しでも役立つことを目指して次のような方針で作成した。

　○明日の授業に役立つ…「明日」には「近い将来」の意味も込める。
　○簡潔明瞭…重要な考え方をできるだけ分かりやすく説明する。
　○論より証拠…具体例をあげて指導のポイントを記述する。

　特別活動が教科横断的な内容を多く含むという特質を踏まえ，カリキュラム・マネジメントの視点を中心に改訂の趣旨に正面から向き合うことを試みた。

　最後になるが，執筆を快く引き受けてくださった先生方及び本書の発行にご尽力いただいた株式会社ぎょうせいに心よりお礼申し上げる。

編者一同

目　次

第1章　学習指導要領改訂とこれからの特別活動

第1節　社会に開かれた教育課程と資質・能力の明確化 …………………… 2

- Q　今回の学習指導要領改訂の理念とされる「社会に開かれた教育課程」とはどのような考え方ですか。　2
- Q　「学びの地図」とはどのようなものですか。教育課程の編成や授業とどのような関係がありますか。　4
- Q　「資質・能力の三つの柱」とは何ですか。また，中学校学習指導要領ではどのように示されていますか。　6
- Q　「主体的・対話的で深い学び」と，「アクティブ・ラーニング」の視点からの授業改善について説明してください。　8

第2節　中学校特別活動の指導を通して育てたい資質・能力 ………… 10

　1　特別活動で育てる資質・能力　10
- Q　今回の改訂で，特別活動で育てたい資質・能力は，従前のものとどのように変わったのか説明してください。　10

　2　特別活動の目標の改善　12
- Q　今回の改訂で，特別活動の目標はどのように改善されたのか，その趣旨，背景を説明してください。また，目標に基づきどのように指導に当たるべきかも説明してください。　12

　3　特別活動における「見方・考え方」　17
- Q　特別活動の目標にも示されている特別活動の「見方・考え方」とはどのようなものですか。分かりやすく説明してください。　17

　4　「主体的・対話的で深い学び」と特別活動　21

- Q 特別活動は，集団活動を通しての話合い活動，実践活動という体験的な学びであることから，主体的・対話的で深い学びは既に行われているのではないでしょうか。さらに実践するには何が必要なのですか。分かりやすく説明してください。　21

第3節　カリキュラム・マネジメントと特別活動 ……………………………… 26

　　1　カリキュラム・マネジメントとは　26
- Q カリキュラム・マネジメントについて説明してください。　26
- Q 特別活動では，カリキュラム・マネジメントをどのように進めていけばよいのでしょうか。　27

　　2　各教科等と特別活動　28
- Q 各教科等と特別活動のつながりは，どのような点にあるのでしょうか。　28

　　3　道徳教育と特別活動　31
- Q 特別活動において，道徳教育をどのように進めていけばよいのでしょうか。　31

　　4　キャリア教育と特別活動　33
- Q 特別活動において，キャリア教育をどのように進めていけばよいのでしょうか。　33

　　5　特別活動と生徒指導，学級経営　36
- Q 特別活動と生徒指導，学級経営はどのようにつながっているのでしょうか。　36

　　6　学校段階間のつながり　38
- Q 小学校と中学校の滑らかな接続を目指す意義と効果的な取組について説明してください。　38

　　7　特別活動と「社会に開かれた教育課程」　40
- Q 特別活動で「社会に開かれた教育課程」をどのように実施していけばよいのでしょうか。　40

第2章　各活動等の内容と具体的な進め方

第1節　特別活動と各活動等間の関係 ……………………………………… 44
　1　生徒の発意・発想を生かした各活動・学校行事間の関連　44
　2　各活動・学校行事間の関連と学級経営の充実　45

第2節　特別活動の全体計画と年間指導計画，関連議題，題材例 … 47
　1　学校経営の一翼を担う特別活動　47
　2　全体の指導計画作成上の留意点　47
　3　議題，題材の捉え方　48
　4　議題の選定，題材の設定と学年ごとの年間指導計画の作成　49
　5　生徒会活動の指導計画例　54

第3節　学級活動 ………………………………………………………………… 55
　1　目標と内容　55
　2　指導計画の作成と内容の取扱い　58
　3　指導事例　62

　［(1) 学級や学校における生活づくりへの参画］　62
　　⑴　事例1　よりよい学級づくり　63
　　⑵　事例2　中学校最後の音楽会を最高の合唱にするための取組を計画しよう　70
　　⑶　事例3　2年1組オリジナル友だちカルタ大会をしよう　72
　　⑷　事例4　合唱コンクールに向けて，団結と盛り上げるためのクラス独自の取組を考えよう　75
　　⑸　事例5　いじめが起こらない学級にするためのクラスオリジナルの活動をしよう　79
　　⑹　事例6　楽しく豊かな学校生活にするための異年齢集団活動をしよう　82

v

[(2) 日常の生活や学習への適応と自己の成長及び健康安全] 86
　(1)　事例1　望ましい人間関係の在り方〜居心地のよい学級〜　89
　(2)　事例2　自己表現とコミュニケーション能力〜いじめのない学級を目指して〜　95
　(3)　事例3　男女が協力できる学級　98
　(4)　事例4　思春期の不安や悩み　100
　(5)　事例5　異性との関わりについて考える　102
　(6)　事例6　喫煙，飲酒，薬物乱用の防止　104
　(7)　事例7　自転車安全運転五則を作ろう　106
　(8)　事例8　生涯にわたって望ましい食習慣を形成する　108
[(3) 一人一人のキャリア形成と自己表現] 111
　(1)　事例1　未来の自分・今の自分　115
　(2)　事例2　学校図書館等の活用　122
　(3)　事例3　なぜ働くのだろうか　125
　(4)　事例4　自分の進路について考えてみよう〜職業体験を通して〜　128
　(5)　事例5　夢前進の学習プランを立てよう　130
　(6)　事例6　「夢前進!!」私の進路計画partⅢ〜進路決定時の悩みを解決しよう〜　132

第4節　生徒会活動　136
　1　目標と内容　136
　2　指導計画の作成と内容の取扱い，全体指導計画例　138
　3　指導事例　142
　[(1) 生徒会の組織づくりと生徒会活動の計画や運営] 142
　　(1)　事例　全員が主体的に臨む生徒総会　142
　[(2) 学校行事への協力] 145
　　(1)　事例　生徒が自主的，実践的に取り組む体育祭　145

[(3) ボランティア活動などの社会参画] 147
  (1) 事例　地域に根差すボランティア清掃活動　147

第5節　学校行事 ……………………………………………………… 150

1　目標と内容　150
2　指導計画の作成と内容の取扱い，年間指導計画例　153
3　指導事例　157
  (1)　儀式的行事　157
  (2)　文化的行事　160
  (3)　健康安全・体育的行事　163
  (4)　旅行・集団宿泊的行事　170
  (5)　勤労生産・奉仕的行事　173

資料：学校教育法施行規則（抄）（平成29年3月改正）　177
　　　中学校学習指導要領（平成29年3月）〔抜粋〕　178
編者・執筆者一覧

第1章

学習指導要領改訂と
これからの特別活動

第1節
社会に開かれた教育課程と資質・能力の明確化

Q 今回の学習指導要領改訂の理念とされる「社会に開かれた教育課程」とはどのような考え方ですか。

「社会に開かれた教育課程」は，今回の学習指導要領の改訂の中心となる考え方である。中央教育審議会答申（平成28（2016）年12月21日）（以下，「答申」）pp.19-20は，その内容を次のように述べている。

> ① 社会や世界の状況を幅広く視野に入れ，よりよい学校教育を通じてよりよい社会を創るという目標を持ち，教育課程を介してその目標を社会と共有していくこと。
> ② これからの社会を創り出していく子供たちが，社会や世界に向き合い関わり合い，自らの人生を切り拓いていくために求められる資質・能力とは何かを，教育課程において明確化し育んでいくこと。
> ③ 教育課程の実施に当たって，地域の人的・物的資源を活用したり，放課後や土曜日等を活用した社会教育との連携を図ったりし，学校教育を学校内に閉じずに，その目指すところを社会と共有・連携しながら実現させること。

特に注目したいのは②である。

上記三点のうち①と③は，「社会に開かれた」ということばから容易に連想され，これまでも「開かれた学校」や「学校，家庭及び地域

住民等の連携」などとして重視されてきた考え方である。そして，①と③の実現に欠かせない条件として②の「資質・能力の明確化」を示しており，この点が今回の改訂の最も大きな特徴である。

②は，学校が教育課程を編成する際に，従来に比べ一歩踏み込んだ工夫を求めている。すなわち，学習する子供の視点に立ち，子供たちが「何を学ぶか」「どのように学ぶか」「何ができるようになるか」を明確にするよう学校と教員に求めている。

中学校学習指導要領に新たに設けられた「前文」は，「社会に開かれた教育課程」について次のように示している。

> 教育課程を通して，これからの時代に求められる教育を実現していくためには，よりよい学校教育を通してよりよい社会を創るという理念を学校と社会とが共有し，それぞれの学校において，必要な学習内容をどのように学び，どのような資質・能力を身に付けられるようにするのかを教育課程において明確にしながら，社会との連携及び協働によりその実現を図っていくという，社会に開かれた教育課程の実現が重要となる。

そこで，新学習指導要領では資質・能力の明確化として，各教科等がそれぞれの「第1 目標」に，教科等ごとに特有の「見方・考え方」を反映して，育成すべき「資質・能力」を示している。学校教育で育む「生きる力」や教科等を学ぶ意義を明確にするためである。

なお，今回の答申は資質と能力を一体的に捉えた用語として「資質・能力」を用いており，学習指導要領もこれまでの「資質や能力」を「資質・能力」に統一している。「資質」は，国語辞典では「うまれつきの性質や才能」(『広辞苑』岩波書店，2012) などとされるが，教育基本法や答申では，「資質」に後天的に獲得するという観点を含んでいる。詳しくは，答申pp.14-15の脚注42を参照していただきたい。

> **Q** 「学びの地図」とはどのようなものですか。教育課程の編成や授業とどのような関係がありますか。

　「学びの地図」とは，学習指導要領等（学習指導要領と幼稚園教育要領）を，学習の全体像を見渡せる地図に例えた表現である。そのイメージは，育成すべき資質・能力を明確に示す「社会に開かれた教育課程」と深く結び付いている。

　答申p.1は，学習指導要領等に期待される「学びの地図」としての役割を次のように述べている。

> 　これからの学習指導要領等には，子供たちと教職員に向けて教育内容を定めるという役割のみならず，様々な立場から子供や学校に関わる全ての大人が幅広く共有し活用することによって，生涯にわたる学習とのつながりを見通しながら，子供たちの多様で質の高い学びを引き出すことができるよう，子供たちが身に付ける資質・能力や学ぶ内容など，学校教育における学習の全体像を分かりやすく見渡せる「学びの地図」としての役割を果たしていくことが期待されている。

　「学びの地図」は「社会に開かれた教育課程」のイメージそのもので，学習指導要領等に求められると同時に，学校が教育課程を編成する際にも踏まえる必要がある。

　学校が主体となって編成する教育課程について，答申pp.20-21は次のように述べている。

> 　これからの教育課程や学習指導要領等は，学校の創意工夫の

> 下，子供たちの多様で質の高い学びを引き出すため，学校教育を通じて子供たちが身に付けるべき資質・能力や学ぶべき内容などの全体像を分かりやすく見渡せる「学びの地図」として，教科等や学校段階を越えて教育関係者間が共有したり，子供自身が学びの意義を自覚する手掛かりを見いだしたり，家庭や地域，社会の関係者が幅広く活用したりできるものとなることが求められている。教育課程が，学校と社会や世界との接点となり，さらには，子供たちの成長を通じて現在と未来をつなぐ役割を果たしていくことが期待されているのである。

学校における教育課程が「学びの地図」としての役割を果たすには，教育課程を編成する際や教員が授業を行う際に答申p.21が示す次の6点を十分に考慮することがポイントとなる。

> ① 「何ができるようになるか」（育成を目指す資質・能力）
> ② 「何を学ぶか」（教科等を学ぶ意義と，教科等間・学校段階間のつながりを踏まえた教育課程の編成）
> ③ 「どのように学ぶか」（各教科等の指導計画の作成と実施，学習・指導の改善・充実）
> ④ 「子供一人一人の発達をどのように支援するか」（子供の発達を踏まえた指導）
> ⑤ 「何が身に付いたか」（学習評価の充実）
> ⑥ 「実施するために何が必要か」（学習指導要領等の理念を実現するために必要な方策）

> **Q** 「資質・能力の三つの柱」とは何ですか。また，中学校学習指導要領ではどのように示されていますか。

　学校教育法第30条第2項は，小学校において重視すべき三要素として，「知識・技能」「思考力・判断力・表現力等」「主体的に学習に取り組む態度」を定めている。いわゆる「学力の三要素」である。第49条等で中学校等への準用が規定されている。

> **学校教育法第30条第2項**　前項の場合においては，生涯にわたり学習する基盤が培われるよう，基礎的な知識及び技能を習得させるとともに，これらを活用して課題を解決するために必要な思考力，判断力，表現力その他の能力をはぐくみ，主体的に学習に取り組む態度を養うことに，特に意を用いなければならない。

　「資質・能力の三つの柱」とは，学力の三要素に基づき，育成すべき「資質・能力」を学習する子供の視点に立ち示したものである。答申はpp.28-31で，次のように説明している（抜粋）。

> ① 「何を理解しているか，何ができるか（生きて働く「知識・技能」の習得）」
> ② 「理解していること・できることをどう使うか（未知の状況にも対応できる「思考力・判断力・表現力等」の育成）」
> ③ 「どのように社会・世界と関わり，よりよい人生を送るか（学びを人生や社会に生かそうとする「学びに向かう力・人間性等」の涵養）」

第1節　社会に開かれた教育課程と資質・能力の明確化

　中学校学習指導要領第1章総則の第1の3は，育成すべき資質・能力を(1)〜(3)として示している。

> 3　2の(1)から(3)までに掲げる事項の実現を図り，豊かな創造性を備え持続可能な社会の創り手となることが期待される生徒に，生きる力を育むことを目指すに当たっては，学校教育全体並びに各教科，道徳科，総合的な学習の時間及び特別活動（以下「各教科等」という。ただし，第2の3の(2)のア及びウにおいて，特別活動については学級活動（学校給食に係るものを除く。）に限る。）の指導を通してどのような資質・能力の育成を目指すのかを明確にしながら，教育活動の充実を図るものとする。その際，生徒の発達の段階や特性等を踏まえつつ，次に掲げることが偏りなく実現できるようにするものとする。
> 　(1)　知識及び技能が習得されるようにすること。
> 　(2)　思考力，判断力，表現力等を育成すること。
> 　(3)　学びに向かう力，人間性等を涵養すること。

　新学習指導要領では，各教科や特別活動などの目標は，「資質・能力の三つの柱」に沿って定められている。そこで本書は，第2章に掲載する全ての事例に，次のような「育てたい力」の表を掲載することとしたので，参考にしていただきたい。

育てたい力

目標(1)	目標(2)	目標(3)
集団活動の意義や活動上の必要事項の理解と行動の仕方（知識及び技能）	生活や人間関係の課題の発見と解決のための話合い，合意形成，意思決定（思考力，判断力，表現力等）	人間関係等のよりよい形成，生き方の深化と自己実現を図ろうとする態度（学びに向かう力，人間性等）
………………………………について理解する。	………………………………を考える。	………………………………を図ろうとする。

※文末の表現は例

> **Q** 「主体的・対話的で深い学び」と,「アクティブ・ラーニング」の視点からの授業改善について説明してください。

　答申p.49は,「主体的・対話的で深い学び」について,「特定の指導方法のことでも,学校教育における教員の意図性を否定することでもない。人間の生涯にわたって続く『学び』という営みの本質を捉えながら,教員が教えることにしっかりと関わり,子供たちに求められる資質・能力を育むために必要な学びの在り方を絶え間なく考え,授業の工夫・改善を重ねていくことである」と述べている。

　また,「アクティブ・ラーニング」の視点からの授業改善について,答申p.26は,「形式的に対話型を取り入れた授業や特定の指導の型を目指した技術の改善にとどまるものではなく,子供たちそれぞれの興味や関心を基に,一人一人の個性に応じた多様で質の高い学びを引き出すことを意図するものであり,さらに,それを通してどのような資質・能力を育むかという観点から,学習の在り方そのものの問い直しを目指すものである」と述べている。

　中学校学習指導要領は,生徒に生きる力を育む上で「主体的・対話的で深い学び」の実現を授業改善の中心に位置付けている。ただし,「アクティブ・ラーニング」ということばは用いていない。

　第1章総則の第3の「1　主体的・対話的で深い学びの実現に向けた授業改善」は,各教科等の指導上の配慮事項を7点示しており,要約すると次のようになる。

(1) 資質・能力の三つの柱が偏りなく実現されるよう,生徒の主体的・対話的で深い学びの実現に向けた授業改善を行うこと。
(2) 言語能力の育成を図るため,言語環境を整えるとともに,国語科を要としつつ各教科等の特質に応じて,生徒の言語活動を充実すること。あわせて,読書活動を充実すること。

⑶　情報活用能力の育成を図るため，コンピュータや情報通信ネットワークなどの情報手段を適切に活用した学習活動の充実を図ること。また，教材・教具の適切な活用を図ること。

⑷　生徒が学習の見通しを立てたり学習したことを振り返ったりする活動を，計画的に取り入れるように工夫すること。

⑸　生徒が生命の有限性や自然の大切さ，主体的な挑戦や多様な他者との協働の重要性などを実感できるよう，体験活動を重視し，家庭や地域社会と連携し体系的・継続的に実施すること。

⑹　生徒が自ら学習課題や学習活動を選択する機会を設けるなど，生徒の興味・関心を生かした自主的，自発的な学習を促すこと。

⑺　学校図書館を計画的に利用し，生徒の主体的・対話的で深い学びに向けた授業改善に生かすとともに，生徒の自主的，自発的な学習活動や読書活動を充実すること。また，地域の図書館等の活用を図り，資料を活用した情報の収集や鑑賞等を充実すること。

　特別活動の内容は，対象が幅広くしかも教科横断的なものが多い。各学校はこれまでの指導経験を生かし，上記7事項に配慮しながら，少しずつ授業改善すればいいのである。

　特別活動は，アメリカのJ. デューイが提唱した「なすことによって学ぶ（Learning by doing）」を方法原理としつつ，これからは，「社会に開かれた教育課程」が求める「資質・能力の明確化」にも向き合わなければならない。

第2節 中学校特別活動の指導を通して育てたい資質・能力

1 特別活動で育てる資質・能力

Q 今回の改訂で,特別活動で育てたい資質・能力は,従前のものとどのように変わったのか説明してください。

　今回の改訂は,前回改訂の子供たちの「生きる力」の育成の一層の重視と学校教育法第30条第2項「……生涯にわたり学習する基盤が培われるよう,<u>基礎的な知識及び技能</u>を習得させるとともに,<u>これらを活用して課題を解決するために必要な思考力,判断力,表現力その他の能力</u>をはぐくみ,<u>主体的に学習に取り組む態度</u>を養うことに,特に意を用いなければならない」(下線は筆者)で示された学力の三要素から構成される学力について調和を図り育成することを目指して進められたと考える。

　中央教育審議会答申(平成28(2016)年12月21日)では,「生きる力」を具体化し,上記三要素と関連を図り,

　ア　生きて働く「知識・技能」の習得(何を理解しているか,何ができるか)

　イ　アを活用して未知の状況にも対応できる「思考力・判断力・表現力等」の育成(理解していること・できることをどう使うか)

　ウ　学びを人生や社会に生かそうとする「学びに向かう力・人間性等」の涵養(どのように社会・世界と関わり,よりよい人生を送るか)の三つの柱に整理した。

このため，特別活動の目標や内容についても，この三つの柱に基づく再整理が図られている。詳細な説明については，次の「2　特別活動の目標の改善」で行うこととする。

また，今回の改訂で特筆すべき点として，後述する授業改善とカリキュラム・マネジメントの推進があげられる。前者は，特別活動を含め教科等が育成を目指す資質・能力を獲得するための指導の工夫改善の視点であり，後者は学校全体として取り組むための教育の設計図の立案と進行管理と言えよう。改訂の趣旨を実現する上で両者とも不可欠な事項と考える。

中学校特別活動の指導を通して育てたい資質・能力については，これまでも多くの実践者や研究者などが目標と内容を手掛かりに追究してきた。生徒の学校生活における多様な集団活動を通して，学級活動，生徒会活動，学校行事の体験からの学びは，自他に対しての思いやり，物事への粘り強い取組姿勢，目標実現に向けての積極的な姿勢などの深まりであり，人間関係形成能力，自主的行動能力，課題達成能力などの能力の獲得とも言える。これらの資質・能力が特別活動の指導を通して育てられるものであることは既に認められている事実である。そして，こうした教育実践は，生徒の健全な成長に大きな影響を与えるとともに，この資質・能力が教科等の目標達成にも好ましい影響を与えてきた。したがって，これらの取組をさらに充実させ，可視化の視点からも特別活動の実践は，生徒に具体的に何を身に付けさせるのか等を明らかにすることを目指し目標と内容が改訂されたと理解することが重要である。

前述の答申を受け，新学習指導要領では「知識及び技能」「思考力，判断力，表現力等」「学びに向かう力，人間性等」の三つの柱で教科等の学力の再整理を図っている。この「再」は，これまでの取組を否定するのではなく，発展的に考えることを意味している。目標の前段部分には，特別活動ならではの見方・考え方を働かせて，具体的に三

つの柱の資質・能力に迫る表現がされている。この見方・考え方にこれまでなじんできた「望ましい集団活動を通して」の指導原理も生かされている。さらに，特別活動での学校生活の向上のための取組は，話合い活動や実践活動であり，集団や社会への参画意識を高めるとともに，その過程で，様々な形で人とふれあい，よりよい人間関係を目指そうとする合意形成のための思考力・判断力・表現力等を養う。目標達成のための自己実現の取組もある。この意味で，特別活動の指導過程において,「人間関係形成」「社会参画」「自己実現」は重要なキーワードと言える。

後述する目標と内容の改訂において，示された資質・能力は，学力の三つの柱に加え，特別活動の指導過程からのこの三つのキーワードを踏まえ検討されたものである。

2　特別活動の目標の改善

> **Q** 今回の改訂で，特別活動の目標はどのように改善されたのか，その趣旨，背景を説明してください。また，目標に基づきどのように指導に当たるべきかも説明してください。

(1)　特別活動の目標の改善の趣旨と背景

第一に言えることは，今回の改訂では，全ての教科等の目標及び内容を「知識及び技能」「思考力，判断力，表現力等」「学びに向かう力，人間性等」の三つの柱で再整理したため，特別活動においても，これまでの目標，内容の示し方と大きく変化している。さらに，先行した道徳科以外の教科等の目標の示し方は，その教科等固有の「見方・考え方」を働かせ，具体的に育成しようとする資質・能力を示す表現になっている。まさに，その教科等で「何ができるようになるか」というねらいを明確にしている。

第二に，これまでの目標は，「望ましい集団活動を通して」という特別活動固有の指導原理を踏まえ，①集団や社会の一員としての自覚，②よりよい人間関係の構築，③自己実現を図る，ことが示されていた。この基本的考え方は，今回の改訂でも継承されていることである。

　次に，前述の特別活動の指導過程からの①社会参画，②人間関係形成，③自己実現という三つのキーワードを基に特別活動が育成を目指す資質・能力について考えられたことである。

　このことについて，中央教育審議会での審議過程の資料では，中学校特別活動においては，以下のようにその目指す資質・能力を整理している。

【知識・技能】
○多様な他者と協働する様々な集団活動の意義の理解。
○様々な集団活動を実践する上で必要となることの理解や技能。

【思考力・判断力・表現力等】
○所属する様々な集団や自己の生活上の課題を見いだし，その解決のために話し合い，合意形成を図ったり，意思決定したり，人間関係をよりよく構築したりすることができる。

【学びに向かう力・人間性等】
○自主的・実践的な集団活動を通して身に付けたことを生かし，人間関係をよりよく構築しようとしたり，集団生活や社会をよりよく形成しようとしたり，人間としての生き方についての考えを深め自己の実現を図ろうとしたりする態度。

　そして，これらの具体的な資質・能力が目標の中に盛り込まれている。しかしながら，今回，目標の記述では，特別活動固有の指導原理と言われていた「望ましい集団活動を通して」という言葉が姿を消している。この文言は，中学校では，昭和44（1969）年の改訂から半世紀以上学校教育においてなじまれたものであり，特別活動を形容するものでもあった。

この背景として，中央教育審議会答申（平成28（2016）年12月21日）では，この「望ましい集団活動の……」の「望ましい」という示し方について，「学習過程というよりは目標を示しているような印象や，あらかじめ望ましい集団があることが学習の前提となっているかのような誤解を与える可能性があるため，今後その要素を具体的に目標の中に示すことが必要である」と指摘している。もちろん審議の過程でも，従前の特別活動の指導の在り方を否定したのではなく，むしろ具体的な形で示すことによって達成しようと試みた表現と言える。

> 第1　目標
> 　集団や社会の形成者としての見方・考え方を働かせ，様々な集団活動に自主的，実践的に取り組み，互いのよさや可能性を発揮しながら集団や自己の生活上の課題を解決することを通して，次のとおり資質・能力を育成することを目指す。
> (1) 多様な他者と協働する様々な集団活動の意義や活動を行う上で必要となることについて理解し，行動の仕方を身に付けるようにする。
> (2) 集団や自己の生活，人間関係の課題を見いだし，解決するために話し合い，合意形成を図ったり，意思決定したりすることができるようにする。
> (3) 自主的，実践的な集団活動を通して身に付けたことを生かして，集団や社会における生活及び人間関係をよりよく形成するとともに，人間としての生き方についての考えを深め，自己実現を図ろうとする態度を養う。

以下，目標について説明する。
(2)　特別活動の目標
目標の前段部分であるが，

(1) 「集団や社会の形成者としての見方・考え方を働かせる」とは

　特別活動は，集団活動を通して学ぶ実践活動である。集団活動の意義や方法を理解した上で，課題を達成するために，どのような方策が考えられるか等について思考力・判断力・表現力等を活用し話し合い実践化を目指す活動である。

　まさに，「学びに向かう力・人間性等」に示された「……集団や社会における生活及び人間関係をよりよく形成するとともに，人間としての生き方についての考えを深め，自己の実現を図ろうとする態度」の育成を目指すものである。したがって，上記下線部が意味する「人間関係形成」「社会参画」「自己実現」という言葉は特別活動が目指す資質・能力のキーワードと言える。したがって，生徒の学習過程でこの三つのキーワードを視点とした特別活動ならではの見方・考え方を働かせることが重要であり，この表現に至ったと考える。詳細な説明は後述の「3　特別活動における『見方・考え方』」を参照していただきたい。

(2) 「様々な集団活動に自主的，実践的に取り組み，互いのよさや可能性を発揮しながら集団や自己の生活上の課題を解決する」とは

　生徒は，学校生活では，所属学級という学級集団，クラブ・部活動の集団，係・委員会活動の集団などに所属している。いずれの集団も目標をもち，達成のために構成員である生徒は集団の一員としての自覚をもち，自己の役割について認識し責任をもって果たす努力をしている。

　特別活動の学級活動，生徒会活動，学校行事に積極的に取り組むことは，これら様々な集団活動に参加することであり，その過程で，同年齢，異年齢，地域社会の方々など多様な人間関係を体験する。達成目標の共有，達成するための役割の理解と遂行，達成するための共通実践のために互いのよさを認め合うこと，互いに励まし合うことを体験する。集団が分裂するような危機があれば，心理的結合を強め，まとめようとする取組も展開されるであろう。このことは，まさに「望

ましい集団活動」と言える。このような様々な集団活動を通して，集団や個人の課題を発見する。そして，課題達成の実践をすることを通して，具体的な後段の「知識及び技能」「思考力，判断力，表現力等」「学びに向かう力，人間性等」の三つの柱に迫る資質・能力を身に付けるのである。なお，この学習過程で生徒は，これまでと同様に集団活動の中で合意形成や意思決定を行うのである。

次に後段の具体的に育成する資質・能力の部分であるが，これは，特別活動の学びで，どのような資質・能力が獲得できるのか，そのためには指導に当たり留意することは何かということである。

(3) 「知識及び技能」について

集団活動を通して，互いに協力し，助け合って目標や課題を達成した達成感や満足感などは生徒にとって貴重な体験となる。一人では達成できないことを集団であれば可能であることの理解，集団活動を十分に機能させるための方法，集団をまとめる方法やリーダーシップの在り方などを体験的に学ぶことができる。したがって，集団活動の価値を学ばせること，集団の中での自己の存在を学ばせること，その中で自己の生き方とも関わらせ具体的に何をすべきかを考えさせるよう指導することが大切である。

(4) 「思考力，判断力，表現力等」について

習得・活用・探究という学習過程であれば，集団活動に関しての意義や理解を深め，行動の仕方のついての技能を獲得した生徒は，課題に対して，それらを実際にどのように活用していくかの段階に入る。

課題達成に向けての話合いであれば，他者を尊重し，認め合いながら協働する方策を探っていく。その際，合意形成を図りよりよい方策を決めさせる，他者の有効な考え方，意見を取り入れ意思決定に役立たせるよう指導することが大切である。このような活動が課題解決の過程において必要な思考力，判断力，表現力等を育成することになる。

⑸　「学びに向かう力，人間性等」について

　ここでの指導に当たり最も大切な点は，特別活動で体験した学びを今後の自己の態度や将来の目標に向けての自己実現に反映させることである。主体的に進んで他者理解を図り，よりよい人間関係を形成しようとする態度，他者と協働し，よりよい生活づくりを進めようとする態度，自己理解を深め自分らしさを追求し，自己の生活改善を図ろうとする態度を育成するよう努めることが大切である。

3　特別活動における「見方・考え方」

> **Q** 特別活動の目標にも示されている特別活動の「見方・考え方」とはどのようなものですか。分かりやすく説明してください。

　今回の改訂は，2030年の社会，さらにはその後の豊かな未来まで見据えた初等中等教育の在り方が示されている。この意味で，特別活動の果たす役割，ここでは，学校というものの役割の中で「見方・考え方」を考える必要がある。

　一般に，幼児は，幼稚園や保育園には保護者の引率により登園する。その後の小学校の学区域は狭いため，自力で集団登校等により登校する。中学校では，学区域が広がり自転車，バス等を活用しての登校も考えられる。高等学校からは，さらに登校の方法は広がっていく。このような段階を経て，子供は自らの行動範囲を広げるとともにその方法についても学んでいく。これは，教科等の学習の広がりにも言えることである。このように学校の役割として社会への準備段階としての位置付けがあげられる。また，学校は，子供たちや教職員，保護者，地域の人々で構成される一つの社会でもある。子供たちは，この社会の中で様々な体験（人間関係体験，自然体験など）に出合う。これも

広く考えれば社会への準備段階と言える。

　情報化，グローバル化，少子高齢化などの今後のより急速な進展による社会の変化に対応するためには，開かれた学校づくりをさらに進めるとともに教育課程も社会を見据えて子供たちにリアルな実感をもたせることが必要である。このことは学校が社会や世界と接点をもち教育活動を展開していく第1節で示された「社会に開かれた教育課程」という言葉で代表している。

　この教育課程を編成・実施していくためには，全ての教科等がこの考え方に沿って独自の見方・考え方を通して，教育を展開し，生徒の資質・能力を育成していくことが重要である。特別活動においても，物事を捉える視点を通して，課題を見付け，その達成に向けて取り組んでいく実践を行うことが求められている。そして，この特別活動独自の物事を捉える視点や課題の見付け方が特別活動としての「見方・考え方」と言える。

○「集団や社会の形成者としての見方・考え方を働かせる」とは

　特別活動は，集団活動を通して学ぶ実践活動である。集団活動の意義や方法を理解した上で，課題を達成するために，どのような方策が考えられるか等について思考力，判断力，表現力等を活用し話し合い実践化を目指す活動である。

　学級や学校生活は，生徒にとっては身近な社会生活と言える。学級づくりを通しての人間関係の築き方，係・委員会活動等を通しての活動は集団への寄与・貢献の在り方について学ぶ機会でもある。学校行事への参加を通して，級友の自分と異なる考え方にふれ，自分を再認識するとともに多様なものの考え方を学ぶこともある。そして，これらは，集団への所属感，満足感を高め，級友との絆も深めていくことに発展する。生徒は，学年が上がるにつれてさらにこのような体験活動の範囲を広げていくことになる。このことにより，集団活動の意義や方法の理解を深め，集団活動での思考力，判断力，表現力等を高め

ていく。この資質・能力は，地域・社会などで生徒がその後出会う様々な集団活動や人間関係体験の中で，教科等で学んだことと併せて生かされていくこととなる。

そこで，集団活動を通しての学習過程で，特別活動の資質・能力を育成するためには，特別活動固有の「見方・考え方」を働かせることが重要であり，それが，「集団や社会の形成者としての見方・考え方を働かせる」ことである。

この特別活動固有の見方・考え方を働かせるためには，次の事項に留意することが大切である。

1　各教科等の見方・考え方を総合的に働かせる。
2　問題発見の際，事象を集団や社会の問題として捉える。
3　問題解決の視点として，①よりよい人間関係の形成，②よりよい集団生活の構築や社会への参画，③自己実現，に向けた実践に結び付ける。

以下，具体的にこの留意事項についてふれるが，こうした「見方・考え方」は，学校生活ばかりでなく，生徒の将来にわたっての生活にも重要な働きをもつものである。

留意事項1　各教科等の見方・考え方を総合的に働かせる。

特別活動における集団活動は，多様な意見や考え方にふれ，自分の考えをまとめ発表する。話合いを通して合意形成する。自分の体験をまとめ分かりやすく発表するなど言語活動の充実に大きな役割を担っている。その他にも，学級活動の実践が生徒指導の充実を図り，学びに向かう学習集団の形成に関与するといった教育の機能の充実にも大きく貢献している。また，特別活動は，教科等で育成された資質・能力が総合的に生かされる場でもある。例えば,国語科で身に付けた「話すこと・聞くこと」の能力，社会科，数学科，理科などで身に付けた調査・統計の能力が特別活動の中で実践されることが多い。実践で教科等の見方・考え方を総合的に働かせることは，後述する特別活動に

おける「主体的・対話的で深い学び」の実現にも期待できる。

<u>留意事項2　問題発見の際，事象を集団や社会の問題として捉える。</u>

　特別活動は，学級・学校生活の様々な構成の集団活動を通して行われている。したがって，まず，構成する集団をよりよくするための問題は何か，さらにはその延長線上の社会を考えたとき何が問題となっているかという視点をもち問題発見をすることが大切になってくる。

　学級活動では，自ら規律ある生活を送るためには学級集団として何を改善しなくてはならないか，現状の学級の生徒が共通に抱えている問題は何か，それを解決するにはどうしたらよいかなどの見方・考え方を問題発見で働かせることが大切である。学級活動の実践場面である学級集団は，学校生活の中で，最も基礎的な学級である。この中での問題発見の見方・考え方は将来，職業生活の場である職場や日々の生活の基盤となる家庭といった集団での生活につながっている。

　生徒会活動は，一般的に学年以上の集団規模の中で構成されている集団活動と言える。主に，学校生活の向上を図る自発的，自治的活動である。したがって，よりよい学校生活を送るために委員会活動としての問題は何か，提案すべき内容は何か，いじめを根絶するための現状で取り組むべきことは何かなどの見方・考え方を問題発見で働かせることが大切である。この見方・考え方は，将来，地域社会における自治的活動の基盤となると考える。

　学校行事は，学年以上の大きな集団において，設定された目的を達成するための集団活動である。また，学校の校風づくりや地域社会との連携，協力にも大きく影響する。目的達成を阻害している問題点は何か，所属感や連帯感を高める手立ては何かなど広い視野で問題を捉える見方・考え方が大切である。この見方・考え方は，将来，地域や社会の行事や催し物などに個人や集団としてどのように参画していくかなどの資質・能力の育成に関わるものと考える。

<u>留意事項3-①問題解決の視点として，よりよい人間関係の形成に向けた実</u>

践に結び付ける。

　生徒が問題解決に取り組む際，よりよい人間関係の形成に向けた実践になるよう指導する見方・考え方は大切である。なぜなら，特別活動は集団活動によって学ぶ特質をもっている。その集団活動が充実するには，生徒相互，生徒個人と集団のよりよい関係性が求められる。問題解決においても，この視点は欠くことはできない。

<u>留意事項3-②問題解決の視点として，よりよい集団生活の構築や社会への参画に向けた実践に結び付ける。</u>

　生徒が問題解決に取り組む際，よりよい集団生活の構築や社会への参画に向けた実践になるよう指導する見方・考え方は大切である。生徒にとって学校は身近な社会である。学校生活改善のための参画の視点が社会をよりよくするための改善の視点に発展させるよう指導に努めることも大切である。

<u>留意事項3-③問題解決の視点として，自己実現に向けた実践に結び付ける。</u>

　生徒が問題解決に取り組む際，自己実現に向けた実践になるよう指導する見方・考え方は大切である。特別活動の学びは，集団活動を通して，課題達成のための合意形成を図ったり，他者の意見や考えにふれたりすることを通して，自己の意思決定を図る。現在及び将来の目標に向けて自己実現を図る際もこの視点は，大切と言える。

4　「主体的・対話的で深い学び」と特別活動

Q 特別活動は，集団活動を通しての話合い活動，実践活動という体験的な学びであることから，主体的・対話的で深い学びは既に行われているのではないでしょうか。さらに実践するには何が必要なのですか。分かりやすく説明してください。

昭和62（1987）年に臨時教育審議会が教育改革の視点として，1　個性重視の原則，2　生涯学習体系への移行，3　変化への対応，の三つを打ち出した。その後の教育改革においても，この視点は継承されている。特に，今回の改訂での「主体的・対話的で深い学び」は，全ての教科等において，社会の加速度的な変化，予測できない未来（3　変化への対応）に対応するため，これからの時代に求められる資質・能力を個々の生徒（1　個性重視の原則）に身に付け，生涯にわたって能動的に学び続けること（2　生涯学習体系への移行）ができるようにすることが求められている。このことを実現するためには，「主体的・対話的で深い学び」を実現する授業改善が必要である。そこで，特別活動の授業改善について考えてみたい。質問のように，特別活動においては，集団活動を通して，生徒相互の話合い活動や自主的，実践的な活動が展開されてきた。これは，特別活動の学びの特質でもある。主体的・対話的な活動はされてきたと理解できる。これらの実践の蓄積の評価もある。重要なことは，これらの蓄積を発展，充実させることである。そのことにより，今回の改訂の趣旨が達成できるのである。

　この主体的・対話的で深い学びの実現に向けた授業改善については，教科等全体に関わることであり，中学校学習指導要領では，第1章総則の第2の3の(3)のア，第3の1に示されている。このことを受けて特別活動では，第5章第3の1の指導計画の作成に当たっての配慮事項の(1)に次のように示されている。

> (1)　特別活動の各活動及び学校行事を見通して，その中で育む資質・能力の育成に向けて，生徒の主体的・対話的で深い学びの実現を図るようにすること。その際，よりよい人間関係の形成，よりよい集団生活の構築や社会への参画及び自己実現に資するよう，生徒が集団や社会の形成者としての見方・考え方を働かせ，様々な集団活動

> に自主的,実践的に取り組む中で,互いのよさや個性,多様な考えを認め合い,等しく合意形成に関わり役割を担うようにすることを重視すること。

そこで,「主体的・対話的で深い学び」と特別活動について考えてみる。

(1) 特別活動の「主体的な学び」の実現とは

学校での様々な集団活動を通して,生活上の諸課題を見いだし解決できるようにすることである。学級活動の議題箱や生徒会活動の目安箱などを設置し,生活上の諸課題の発見に力を注いでいる例もある。しかし,これらの取組が形骸化している場合もある。そういった場合,生徒の課題発見の活動の工夫改善を図ることも重要であろう。また,解決方法を決め,実践させ,振り返らせ,PDCAサイクルで評価することも効果的であろう。こうした学習過程は,生徒に今後の集団や自己の生活上の課題発見や目標設定,そしてその達成を図ろうとする主体的な学びを可能にする。指導に当たっては,生徒の自主的,実践的な活動を尊重し,助長することが大切である。教師側の指導が強すぎたり,生徒の活動意欲を下げる助言は注意しなくてはならない。「我慢」する教師としての姿勢も必要である。

(2) 特別活動の「対話的な学び」の実現とは

特別活動の集団活動では,話合い活動を重視してきた。問題解決における場面では,生徒が問題意識をもち,相互に解決策を探り,話合いの過程で意見を出し合い,他者の意見も尊重し,よりよい解決策決定のための合意形成を行うという生徒の自発的自治的解決のアプローチ,自己の進路選択や健全な生き方の探求の場面では,級友の意見や考え方に学び,自己の考え方を踏まえ,意思決定するアプローチの大きく二つの学びの過程も実践の中で整理されてきた。これからは,こ

の話合いを学級など同一集団だけにとどまらず，異年齢の児童生徒や障害のある児童生徒，地域の人々などとの交流にまで拡大していくことが重要である。さらに，職場体験活動を通して，職業人の思いや考えにふれ自己の勤労観や職業観を高めたり，進路選択やキャリア形成において他者や教師との対話を通して自己の考えを確立することなど，感性や思考力，実践力を豊かにし，よりよい意思決定や合意形成ができる学びにすることも重要である。

(3) 特別活動の「深い学び」の実現とは

特別活動は，これまでも集団活動を通して，「主体的・対話的」な学びに取り組んできた。ここでは，「深い学び」ということである。もちろん「主体的・対話的」な学びを通してのことである。そのためには，これまでの学びの実践を検証し，見直すことも必要である。今まで実践してきた学びを深めるといった視点が重要である。実践を単に行動の場面と狭く捉えるのではなく，学級活動の展開で考えれば，課題の設定から，解決方法の話合い，解決方法の決定，決めたことの実践，振り返り，次の課題設定までの一連の活動を実践として捉え，目標とする具体的な資質・能力が身に付いたかを検証し，授業改善を進めていくことが重要と考える。そして，この改善案を基に教科等の見方・考え方を踏まえ，教科等で学んだ知識をどのように生かしていくかを付加し，特別活動の計画を意図的・計画的に作成することによって深い学びが実現できる。

例えば，学級活動の活動内容(2)日常の生活や学習への適応と自己の成長及び健康安全の「エ　心身ともに健康で安全な生活態度や習慣の育成」で自転車運転時の交通安全について学ばせたいと考え，「安全な自転車の乗り方を考えよう」という題材を設定したと考えよう。一定の資料や映像を活用しての話合いを通しての学びは想定できる。これを「深い学び」にするにはどうしたらよいか過去の実践を基に考え改善することである。

○活動の開始時に，活動の一連の流れを生徒に十分理解させることができたか，という点から見直し，生徒自身がこの題材を主体的に学ぼう，意欲的に取り組もうと思うよう指導の工夫，改善を図ることである。

○話合いの過程では，教師が予測できる課題達成に向けての方策をはるかに超える，より現実的で生徒の発想が十分に生かされた方策が生まれるような展開を工夫することである。そのためには，一般的な小集団の話合いの他，ブレーンストーミングやパネルディスカッションなどの話合いの形態の工夫についても適切に助言しておくことも重要と言える。

○振り返りの過程では，学んだことを実践しようとする態度をもつことができるよう展開を工夫することも必要と言える。

○生徒の自己評価や相互評価を工夫し，話合いにおける学びを生徒が自分たちでも主体的に改善していく過程も重要である。

○さらに，展開の過程の話合いで，「深い学び」が生まれるような教師の指導援助についても工夫することが必要である。

　もちろん，これらの授業改善の取組は一朝一夕でできるものではない。改善の趣旨を生かし，実践研究する姿勢が重要である。

　また，特別活動の実践を充実するためには，環境を整備することも不可欠である。生徒指導の充実や適切な言語環境が整備できている温かな学級づくりを含め学級経営を充実することは授業改善に直接結び付くことである。

　最後に，重要な視点として，このような授業改善の結果，育成した生徒の資質・能力は中学校を卒業しても将来に生かし，自分から主体的に学ぼうとする態度をもち続けさせる指導をすることも忘れてはならない。

第3節 カリキュラム・マネジメントと特別活動

1　カリキュラム・マネジメントとは

Q カリキュラム・マネジメントについて説明してください。

　カリキュラム・マネジメントとは，各学校が設定する教育目標を実現するために，学習指導要領等に基づき教育課程を編成し，それを実施・評価し改善を図る一連のPDCAサイクルを組織的・計画的に進めていくことである。言い換えると，教育課程を軸に学校教育の改善・充実の好循環を生み出し，各学校の教育目標の実現に向け，学校教育の質を高めていく営みである。

　カリキュラム・マネジメントに関する規定は，今次学習指導要領の改訂において，第1章総則の第1の4に新設され，「①生徒や学校，地域の実態を適切に把握し，教育の目的や目標の実現に必要な教育の内容等を教科等横断的な視点で組み立てていくこと」「②教育課程の実施状況を評価してその改善を図っていくこと」「③教育課程の実施に必要な人的又は物的な体制を確保するとともにその改善を図っていくこと」の三つの側面から整理して示されている。これまでは，教育課程の在り方を不断に見直すという②の側面が注目されてきたが，「資質・能力の明確化」や「社会に開かれた教育課程」の理念の実現を目指す新学習指導要領においては，①及び③の側面もこれまで以上に重視することが求められている。

　教科外の領域にある特別活動は，教科書がなく学校の創意工夫の余

地の大きい教育活動であり，家庭や地域との連携を図りながら学校を挙げて全教職員で取り組むことが求められる教育活動であることから，カリキュラム・マネジメントの実現を通して各学校に適した計画を作成し，一層質の高い取組を展開することが求められると言えよう。

> **Q** 特別活動では，カリキュラム・マネジメントをどのように進めていけばよいのでしょうか。

　カリキュラム・マネジメントを進めていく上で重要なことは，各学校の教育目標や育成を目指す資質・能力の観点から，新学習指導要領に基づき，特別活動の目標及び内容や指導方法，指導体制，授業時数等を再検討することである。なかでも，各学校の教育目標や育成を目指す資質・能力を踏まえた上で，特別活動の目標や育成を目指す資質・能力を明らかにすることが大切である。その上で，限られた時間の中で効果的に成果をあげるため，特別活動で取り上げる内容の重点化を図るとともに，関連付けや統合，必要に応じた累加が必要となる。その際，特別活動の内容相互の関連を図るほか，内容ごとに各教科等間の指導内容相互の関連を明らかにし，家庭や地域との連携の下，学校内外の専門家や施設設備の活用も含めた指導計画を作成するとともに，事前・事後の活動も含め必要な時間の確保を図ることが必要である。こうして，生徒にとって特別活動での学びの質が高まるよう，管理職のみならず全ての教職員の参加の下各学校の特別活動を設計し，それを実施・評価し改善していくことが大切である。

　これまで，各学校では合唱コンクールや運動会（体育祭）などの学校行事や生徒会活動などの充実を図り，特色ある学校づくりを進めてきている。こうした取組を，各学校の教育目標や育成を目指す資質・能力の観点からもう一度見直し，各学校の教育目標や育成を目指す資質・能力の実現において，中核的な役割を担うものとなるよう，カリ

キュラム・マネジメントを通して質を高めていくことが求められている。

　今日，教職員や保護者，地域の人々の意識や取組の方向性を共有していくために，多くの学校でグランドデザイン等が作成されている。特別活動の面からカリキュラム・マネジメントを考えたとき，グランドデザイン等の中に，学校行事や生徒会活動などの特別活動の核となる活動が示され，全ての教職員がその意義等について保護者や地域の人々へ説明することができるようになることが大切であると言えよう。

　以下，カリキュラム・マネジメントに関して，特別活動と各教科等及び道徳教育，キャリア教育，生徒指導，学級経営，学校段階間のつながりの観点から述べた上で，今次学習指導要領の改訂の理念である「社会に開かれた教育課程」の実現に向けた特別活動からのアプローチの仕方について示す。

2　各教科等と特別活動

> **Q** 各教科等と特別活動のつながりは，どのような点にあるのでしょうか。

　今次学習指導要領の改訂によって，中学校の教育課程は各教科，特別の教科である道徳（以下「道徳科」という。），総合的な学習の時間（以下，「総合的学習」という。）及び特別活動によって編成された。これらは，それぞれの教科等における固有の目標や内容等をもちながらも，互いに支え合い補い合うことによって，全体として中学校の教育の目的や目標の実現を図ることとなることから，相互の関連を踏まえカリキュラム・マネジメントの実現を図ることが大切である。

　ここでは，各教科及び「総合的学習」と特別活動のつながりについて述べる。なお，「道徳科」とのつながりは次項で示す。

(1) 各教科とのつながり

　各教科と特別活動のつながりについては，各教科で育まれた資質・能力が特別活動で生かされる面と，逆に，特別活動で育まれた資質・能力が各教科で生かされる面の大きく二つの面から，まずは捉えることができる。

　前者の代表的な例として，集団活動を特質とする特別活動の中で重要な活動である話合い活動を挙げることができる。話合い活動では，国語科で育まれた話すこと，聞くことの能力が生かされ，学級活動や生徒会活動における話合い活動の質が高められていく。また，学級活動や生徒会活動においては，生徒の実態調査等の結果をグラフや表にして示したりする活動がしばしば見受けられる。ここでは，社会科や理科，数学科等で育まれた資質・能力が生かされることとなる。さらに，運動会（体育祭）や合唱コンクールでは保健体育科や音楽科等で育まれた資質・能力が生かされるなど，日常の学習や経験を総合的に発揮し，その発展を図る学校行事においては，各教科の学習との関わりが強い。

　また，後者の例として，特別活動で育まれた自主的，実践的な態度が各教科の学習の中で生かされたり，自然体験活動の中で芽生えた問題意識が，理科の学習の中で生かされるなど，様々な体験活動での学びが教科の学習の中で生かされたりすることを挙げることができる。また，学級活動の中で育まれた生徒相互の好ましい人間関係や教師と生徒の信頼関係を基盤とする学習集団が，「主体的・対話的で深い学び」の成立に貢献するといったことも，特別活動で育まれた資質・能力が各教科で生かされる代表的なものである。

　さらに，こうした二つの面に加え，各教科と特別活動の双方向的な関係を押さえる必要がある。例えば，各教科の学習で身に付けた問題解決の資質・能力を，特別活動における生活上の問題の解決に活用することにより，汎用性の高い能力に高め，様々な教科の学習や日常の

生活の中で活用できるものにしたり，国語科での学習成果を生かして生み出した学級活動での話合い活動の仕方を，汎用性の高いものに練り上げて一覧にまとめ，学級教室はもとより理科室や音楽室など全教室へ掲示し，全ての教科等における小集団での話合い活動等で活用するなどして，学校全体の話合い活動の質を高め，さらには，個々の生徒にとって生涯にわたって活用できるものとしていったりすることなどを挙げることができる。このように，各教科と特別活動の成果を相互還流的に関係付けることにより各教科や特別活動における学習の成果が，一層高まるとともに，育成を目指す資質・能力の一層の定着が期待できるといった側面があることも見逃すことはできない。

　こうした面を踏まえ，各教科と特別活動のカリキュラム・マネジメントを進めていくことが大切である。

(2) 総合的な学習の時間とのつながり

　「総合的学習」が平成10（1998）年の学習指導要領改訂により教育課程に位置付けられて以降，特別活動との関係について，その共通性や独自性が様々に論じられてきている。

　『中学校学習指導要領解説　特別活動編』（平成29（2017）年7月）を見ると，共通性について，「各教科等で身に付けた資質・能力を総合的に活用・発揮しながら，生徒が自ら現実の課題の解決に取り組むことを基本原理としている」こと，「体験的な学習を重視すること」「協働的な学習を重視すること」「自己の生き方についての考えを深める」ことを重視していることが示されている。

　また，独自性については，これまでの研究を見ると，次の4点に整理することができる。1点目は取り上げる課題（問題）である。「総合的学習」では現代の社会的な課題が多くを占めるのに対し，特別活動では生徒の生活の問題が取り上げられる。2点目は行動や実践の場の有無である。「総合的学習」では，行動や実践まで必ずしも求めないのに対し，特別活動では，決めたことを実践することが想定されて

いる。3点目は集団づくりについてである。「総合的学習」では，探究的な学習を通して，個々の生徒が物事の本質を見極めることを目的の一つとし，集団づくりを必ずしも目的としていないのに対し，特別活動では目的としていることである。4点目はカリキュラムの性格の違いである。「総合的学習」が教科カリキュラムの性格が強いのに対し，特別活動は経験カリキュラムの性格が強い点である。

「総合的学習」と特別活動のつながりを検討していくに当たっては，こうした両者の共通性と独自性を十分に把握した上で行うことが重要である。

また，「総合的学習」も特別活動も体験活動を重視しているものの，平成20（2008）年以降の学習指導要領の改訂において，標準授業時数が増加傾向にある中，体験活動は「生きる力」を育む上で重要であると言われながらも時間の確保が困難となっている状況もうかがえる。こうした中，「総合的学習」と特別活動の効果的なつながりを図った取組として，特別活動として行う修学旅行や野外活動の中に「総合的学習」として行う調査活動を組み込むなどの取組も見られる。今後，「総合的学習」と特別活動の体験活動に視点を当てたカリキュラム・マネジメントを通して，よりダイナミックな体験活動を展開できるようにするなどして，各学校の教育目標の実現に迫っていくことは大切なことである。

3　道徳教育と特別活動

Q 特別活動において，道徳教育をどのように進めていけばよいのでしょうか。

学習指導要領第1章総則の第1の2の(2)において，「学校における道徳教育は，特別の教科である道徳（以下「道徳科」という。）を要

として学校の教育活動全体を通じて行うもの」であると示され，特別活動においても，その特質に応じた道徳教育としての指導が行われる。

ここでは，特別活動における道徳教育及び，特別活動と「道徳科」のつながりについて述べる。

(1) 特別活動における道徳教育

道徳教育の目標は，人格の基盤をなす道徳性を養うことである。特別活動として行われる学級や学校生活における集団活動や体験的な活動は，集団の一員としての自覚をもち自己の役割を果たそうとする態度や互いに信頼し支え合おうとする態度，自分たちで約束をつくって守ろうとする態度などを育成することを目指して実施される。育成を目指すこうした態度は，集団活動を通して身に付けさせたい道徳性である。また，学級活動においては，発達に伴って生じる様々な悩みや，学級や学校における生活の中での葛藤などの「道徳性」に関する問題も取り上げられている。こうした面からみると，特別活動は日常の学校生活における道徳的な実践の指導を通して，道徳教育を進めているという側面をもっていることが分かる。

大学生に，中・高時代の学校生活の中で強く印象に残っているものを尋ねると，多くの学生が合唱コンクールや運動会，修学旅行といった学校行事であると答える。その理由を聞くと，学級やグループの仲間との感動体験があったからだと答える学生が多い。感動するというのは，そこに道徳的価値を感じているからである。こうした心に響く豊かな体験的な活動が日々の学校生活の中で展開できるようにしていくことが，特別活動の特質を生かした道徳教育であると言えよう。

(2) 特別活動と「道徳科」のつながり

道徳教育の要である「道徳科」は，各教科等で行われる道徳教育を補ったり，それを深めたり，相互の関連を考えて発展させ，統合させたりする中で，道徳的諸価値の理解や自分自身の生き方についての考えを深める学習を通して道徳性を養うことが目標として示されている。

「道徳科」の授業において，道徳的諸価値の理解や自分自身の生き方についての考えを深める学習を効果的に行う上で，日常生活において道徳的価値を感じるような体験や経験は重要である。なぜなら，道徳的価値のよさや本当の大切さを理解するためには，実感を伴った理解が必要だからである。

こうした面から考えると，特別活動における集団活動や体験的な活動において経験した道徳的行為や道徳的な実践について「道徳科」で取り上げることは，道徳的価値の理解や自分自身の生き方についての考えを深めていく上で意義深いものがある。

また，「道徳科」の授業で学んだことを特別活動の実践的な活動の中で実際に言動に表すとともに，集団の形成者としてのよりよい生き方についての考えを深めたり，よりよい生き方を身に付けさせたりするよう指導していくことも大切である。

このように，道徳的価値の理解や自分自身の生き方についての考えを深める「道徳科」と，道徳的行為や実践そのものを学ぶ特別活動での学びが相互に響き合って，主体的な判断の下に道徳的な実践ができる子供を育てていくことが道徳教育の役割である。こうした点を踏まえ，道徳教育の充実を図る観点から，カリキュラム・マネジメントを実現させていくことが大切である。

4 キャリア教育と特別活動

> **Q** 特別活動において，キャリア教育をどのように進めていけばよいのでしょうか。

今次学習指導要領の改訂において，第1章総則の第4の1の(3)において，これまでの「進路指導の充実」に替わって「キャリア教育の充実」に関する規定が設けられ，その中で，特別活動が学校教育全体を

通して行うキャリア教育の要となることが新しく示された。これを踏まえ，特別活動の学級活動の内容に「(3)一人一人のキャリア形成と自己実現」が設けられた。

ここでは，特別活動におけるキャリア教育及び，キャリア教育の要としての特別活動について述べる。

(1) 特別活動におけるキャリア教育

キャリア教育は，平成23（2011）年中央教育審議会答申「今後の学校におけるキャリア教育・職業教育の在り方について」において，「一人一人の社会的・職業的自立に向け，必要な基盤となる能力や態度を育てることを通して，キャリア発達を促す教育」と定義され，全ての教育活動の中で「基礎的・汎用的能力」（人間関係形成・社会形成能力，自己理解・自己管理能力，課題対応能力，キャリアプランニング能力）の育成を柱に取組が進められている。

ここで「キャリア」について見ると，同答申では，「人が，生涯の中で様々な役割を果たす過程で，自らの役割の価値や自分と役割との関係を見いだしていく連なりや積み重ね」と示されており，「キャリア」は集団や社会を前提としたものであることが分かる。したがって，キャリア教育で育成を目指す「基礎的・汎用的能力」は，集団や社会での生活を通して育まれるものが中心となっている。

こうした面を考えると，集団活動や体験的な活動を特質とする特別活動において，互いのよさや可能性を発揮しながら集団や自己の生活上の課題を解決すること等を通して育まれる資質・能力は，キャリア教育で育成を目指す「基礎的・汎用的能力」と重なる部分が大きく，特別活動は，教育課程の中でキャリア教育の中核的な実践の場であると言える。

したがって，特別活動の目標の実現を目指して行われる学級活動や生徒会活動，学校行事としての集団活動や体験的な活動は，いずれもキャリア教育の実践の場とも言える。なかでも，生徒の現在及び将来

の生き方を考える基盤となる活動内容で構成された学級活動の内容「(3)一人一人のキャリア形成と自己実現」はその中核に位置付くほか,学校行事の「(5)勤労生産・奉仕的行事」としての職場体験活動も,職業や進路,生き方に関わる啓発的な体験として,学校教育全体として行われる重要なキャリア教育の一つとして位置付けることができる。また,生き方や進路などに関するカウンセリングも大切なキャリア教育であると言えよう。

生徒会活動や学校行事が盛んで保護者や地域の人々からの評価の高い学校の生徒の姿は,キャリア教育で育成を目指す生徒の姿と重なる部分が多いのではないだろうか。こうしたことを考えたとき,教育課程の中で,特別活動はキャリア教育の土台を担っていると言えよう。

(2) キャリア教育の要としての特別活動

学習指導要領の第1章総則の中で,特別活動が学校教育全体で行うキャリア教育の要としての役割を担うことが示された。そして,要としての役割を明確にするために,小・中学校の学級活動の内容の中に「(3)一人一人のキャリア形成と自己実現」が新設され,一貫した取組が展開できるようになった。

内容の(3)の指導においては,一人一人の様々な学びを自己の将来や社会づくりにつなげていくために,特別活動だけでなく学校教育全体,さらには家庭や地域における学習や生活について,見通しを立てて取り組ませ,事後において学んだことを振り返りながら,新たな学習への意欲につなげたり,将来の生き方を考えたりする活動を大切にすることが求められることとなった点への十分な留意が必要である。

また,特別活動がキャリア教育の要となったことを踏まえ,これまでのキャリア教育をカリキュラム・マネジメントの観点から見直していくことも必要となろう。

5　特別活動と生徒指導，学級経営

> **Q** 特別活動と生徒指導，学級経営はどのようにつながっているのでしょうか。

　生徒指導は，学校の教育目標を達成するための重要な機能の一つであるとされ，「機能」として捉えられているのに対し，学級経営は様々に捉えられてきている。ここでは，学級経営を生徒の人間形成を目指す教育活動と捉え，特別活動との関わりの面から述べる。

(1)　特別活動と生徒指導

　生徒指導提要（平成22（2010）年，文部科学省）では，生徒指導について，「一人一人の児童生徒の人格を尊重し，個性の伸長を図りながら，社会的資質や行動力を高めることを目指して行われる教育活動」であると示している。さらに，生徒指導を通して育まれていくべき資質・能力として，「自発性・自主性」「自律性」「主体性」を挙げ，最終的には自己実現を図っていくための自己指導能力の育成を目指すこととしている。これを踏まえると，様々な集団活動や自主的，実践的な活動を通して，自治的な能力や社会性及び自己実現を図ろうとする態度の育成を目指す特別活動は，生徒指導の実践そのものであると言えよう。

　生徒指導の充実を図る上で大切にしたい三つのポイントとして，①児童生徒に「自己存在感」を与える，②教師と児童生徒の信頼関係及び児童生徒相互の「共感的な人間関係」を育てる，③「自己決定」の場や機会をより多く用意し，児童生徒が自己実現の喜びを味わうことができるようにする，を挙げることができる。これら三つのポイントを意識した指導は，教科の授業の中でも行われるが，生徒による様々な集団活動や実践的な活動が展開される特別活動においては，三つの

ポイントを押さえた指導の場や機会が多くあることから,全ての生徒を対象に効果的な生徒指導を展開することが期待できる。

　また,学級活動は,学級担任によるきめ細かな生徒指導が行われる中核的な場であり,中でも,生活や学習などに関する自己の問題を題材として行われる「(2)日常の生活や学習への適応と自己の成長及び健康安全」「(3)一人一人のキャリア形成と自己実現」の指導は,生徒指導の機能が直接的に生かされる教育活動であることを踏まえ,活動を展開していくことが大切である。

(2) 特別活動と学級経営

　学級は,生徒にとって授業を受ける場であるとともに,学校生活を送る上での基礎的な生活の場である。こうした学級が,一人一人の生徒にとって心の居場所となり,楽しく豊かな学級・学校生活を送る基盤となることが大切であることから,今次学習指導要領の改訂では,新しく中学校においても小学校と同様に総則及び特別活動の中に「学級経営の充実」が示されるとともに,解説特別活動編において「学級経営は,特別活動を要として,計画され,特別活動の目標に示された資質・能力を育成することにより,更なる深化が図られる」とされ,学級経営の充実を図る上での特別活動の意義が示された。

　学級経営の充実を図るには,生徒理解に基づく教師と生徒の信頼関係や,生徒相互の好ましい人間関係を築き,相手に対する思いやりの態度や,互いのよさに学び合おうとする態度等を育てていくこと,つまり,生徒指導の充実を図ることを通して,学級集団を支持的風土に溢れ,生徒が所属したいと願う準拠集団に高めていくことが大切である。

　こうした学級づくりを進めていく上で,集団活動や実践的な活動を特質とする特別活動は大きな役割を果たす。なかでも,自治的な活動として展開される,学級や学校生活をよりよくするための課題の解決に向けて話し合い,合意形成を図って実践するといった学級や生徒会

での活動を通して，学級や学校の文化が生徒自らの力で創造され，その過程で豊かな人間関係が育まれ，学級の好ましい雰囲気が醸成される。

　こうした学級経営の充実は，いじめや不登校等を生まない土壌や，「主体的・対話的で深い学び」を実現する基盤をつくり，生徒指導や学習指導の充実に結び付くことを踏まえ，カリキュラム・マネジメントを通してそれぞれの質を高めていくことが求められる。

6　学校段階間のつながり

Q 小学校と中学校の滑らかな接続を目指す意義と効果的な取組について説明してください。

(1)　中1ギャップの解消への効果

　中学校へ入学して数か月後，人間関係での悩みや不安から欠席したり，問題行動を起こしたりする生徒が増える傾向にある。生活不適応の要因は様々であるが，やはり集団生活の中で他者と協働しながら自分のよさを自覚することができずにいる焦りやいら立ちに起因するのが大きいと考える。それに加え，小学校と違う教科担任制による授業での緊張感や先輩への気遣い，部活動と勉強を両立させることでの心身の疲労等も学校生活不適応の誘因となっている。この「中1ギャップ」の解消に当たり特別活動を核にした取組の効果が大きい。

(2)　滑らかな接続のための小中合同研修会

　中学校へ入学したからこそ，新入生が乗り越えるべき課題と向き合うこともある。それとともに，生徒たちが最大限の力を発揮するように，学校として生活環境を整えることも必要不可欠となる。滑らかな接続のための条件整備として，学区内の小学校と中学校の教員が取り組めることを以下に示す。

① 特別活動では,どのような資質・能力を,どの段階までに育てるのか。また,そのためにどのような取組を行うのかを小中学校の教員間で協議する。

② 学区内の小中学校の教員が互いに学級活動を参観し,活動形態や司会進行の方法等について意見交換をするとともに,学校文化の違いを共有する。

③ 小中学校で共通する学校生活の課題を明確にし,その解決に向けた特別活動での実践内容を協議する。

④ 中学校入学に際しての6年生児童の不安や悩み,期待等を小中学校の教員間で共有する。

(3) 憧れの存在としての自覚と決意

自分の所属する集団への期待が高まり,愛着が深まることで学校生活への適応が図られていく。なかでも児童と生徒が関わりを深めるような活動を体験することにより,小学生は中学生を怖い存在としてではなく,憧れの存在として好感を抱くようになる。その役割を担う特別活動の小中合同の実践として次のようなことが計画,実施できると考えられる。

① 中学校入学に際して6年生児童が抱いている不安や悩み,期待等を中学生全員に知らせ,先輩として為すべきことを考えさせる。
・夏季休業中に6年生児童の「部活動体験」を実施し,児童生徒の交流を通して,先輩としての自覚や先輩への憧れを深めることができるようにする。

② 児童会活動及び生徒会活動として,学校生活を充実向上させる取組を考え,児童生徒が協働して実践する。
・あいさつの励行や地域の環境美化等に係る課題に取り組むため「小中合同児童会生徒会役員会(仮称)」を開催し,その実施に向けた事前活動について協議する。

③ ある地方自治体では,「学校4・3・2制」を推進する中で,

学級活動のスタンダード化や児童生徒会活動での交流等を通して中学生としての誇りと中学生への憧れを抱くようにしている。
・4（小1～4年）3（小5・6年・中1年）2（中2・3年）という発達段階で身に付けるべきことを先送りしないということを確認し合える。

今後は，カリキュラム・マネジメントの観点から小高，中高との連携を計画的，意図的に実施することで，異校種間が一層滑らかにつながっていくと考えられる。

7　特別活動と「社会に開かれた教育課程」

Q 特別活動で「社会に開かれた教育課程」をどのように実施していけばよいのでしょうか。

(1) 学校の教育目標の共有化

新学習指導要領総則の前文で示されている「よりよい学校教育がよりよい地域社会を創る」という理念を学校と社会が共有することは，教育課程の実施を通して児童生徒の成長の姿をしっかり捉えていくということでもある。特別活動は，集団活動を通して個の成長を目指していく。学級活動，生徒会活動，学校行事いずれにおいても生徒主体の活動が中心となる。生徒の表情，態度（言葉遣い），行動が，保護者や地域の人たちには学校教育の成果であったり，課題でもあったりする。「為すことによって学ぶ」は，特別活動の方法原理であるからこそ，よりよい地域社会づくりへの体験活動を実施することにより，その貢献度はかなり高くなる。しかも，特別活動の計画的，系統的な実施は，学校教育の充実に大きく寄与することにもなる。

学校教育の充実には，家庭や地域との連携協力は欠かせない。そのためには学校がどのような目標を立て，どのような教育を進めようと

しているのかを家庭や地域の人たちが理解していなければならない。家庭や地域の教育力を活用するには，それ相応のねらいがあり，どのように学校の教育活動に関わればよいかが明確になっていることで，より効果的な連携協力が実現される。とりわけ生徒会活動，学校行事は地域との連携協力を主眼とした内容になることが多い。教員や生徒が地域行事に参加したり，ボランティア活動に取り組んだりしたことで，地域の方々と親しくなり，その後の教育活動がやりやすくなるというのは事実である。それは，学校の教育目標を学校，家庭，地域で共有し，児童生徒の健全な成長を，学校，家庭，地域で支えていくということを共通認識することでもある。

(2) 学級活動と学校行事で育成される資質・能力の理解

ここでは，勤労生産・奉仕的行事として行う職場体験活動を例に述べる。

勤労生産・奉仕的行事の実施に向け，学級活動を通して学校と家庭，地域が，以下のような共通認識を図り，その教育活動の成果を共有することが重要となる。

① 生徒たちは数日間お世話になる事業所を事前に訪問し，自分たちの自己紹介をしたり，お礼の言葉を述べたりして社会で必要とされるマナーを学ぶ。一方，事業所側はあらかじめ「職場体験」の趣旨やそれに向けた指導内容等を理解しておくことで，一連の活動を評価しやすくなる。

② 「職場体験」において，生徒の表情，言葉遣い，対応の様子等から生徒一人一人の成長や課題を学校と家庭，事業所で把握し，教育課程の改善につなげていくことができる。

③ 「職場体験」の事前，事後の活動として「望ましい勤労観，職業観」を題材とした学級活動の取組や職場体験を終えての生徒の自己評価を，学校・学年だより等で家庭や地域，事業所等が把握しやすくなる。

(3) 自発的，自治的な活動への理解

　社会の一員として相手の立場を尊重しつつ，自らの意見を述べて合意形成を図ることは，これから一層求められる。独断ではなく，みんなとの話合いで折り合いをつけながら学級としての取組を決めていく。例えば，体育祭で学級の生徒全員が協力して取り組む種目や演技については，事前に学級活動（学級活動内容(1)）で役割分担をしたり，努力目標を決めたりして仲間のよさや可能性を認め合っているという事実を家庭，地域に理解してもらうことは，学校への信頼につながる。自分のことだけでなく，他者性を意識し，豊かな人間関係を築くことを目標の一つとしている特別活動の醍醐味を再認識したいものである。

第2章

各活動等の内容と
具体的な進め方

第1節 特別活動と各活動等間の関係

1 生徒の発意・発想を生かした各活動・学校行事間の関連

　特別活動は，学級活動，生徒会活動，学校行事が単体としてその役割・機能を発揮するのではなく，各活動・学校行事間の関連を生かして役割・機能を発揮することができる。

　特別活動の特質である生徒の自主的，実践的な活動が効果的に展開されるためには，学級活動と生徒会活動，学校行事との関連を図るとともに，教師の適切な指導の下で生徒の発意・発想を生かすことが必要となる。

　学級活動では，学級や学校での生活をよりよくするための課題を見いだし，その解決のための話合いをしたり，実践をしたりして自分のみならず，他者の幸せも尊重できる資質，能力を育成することも目指している。そこで重要となるのが学級活動の三つの活動内容の関連付けや学級活動と生徒会活動，学校行事との関連付けである。

(1) 学級活動内容(1)と(2)，(3)の関連

　内容(1)のイ「学級内の組織づくりや役割の自覚」に関わっては，当番活動や係活動を通して，役割遂行の使命感や達成時の成就感を味わわせることができる。この経験を積み重ねることにより，社会の一員としての自覚や責任感につながっていく。この段階でアンケート調査を実施し，「実践上の課題」や生徒の「社会参画への意識」を確認することで内容(2)，(3)との関連が図られていく。「実践上の課題」の一つに男女の協力についての問題が見つかれば，内容(2)のイ「男女相互

の理解と協力」に関する題材を設定し，より充実した学級づくりへの意欲を高めることに配慮する。また，「社会参画への意識」について，プラス，マイナス両面から内容(3)のイ「社会参画意識の醸成や勤労観，職業観の形成」を取り上げて，社会で働くこと，社会に貢献することの意義について考え，努力事項を決定する活動を展開していく。

(2) 学級活動と生徒会，学校行事との関連

学級活動内容(1)のウ「学校における多様な集団の生活の向上」に係る議題を選定し，そこでの話合い活動で，全校生徒が参加して取り組む生徒会活動の内容(3)へと発展していくことが考えられる。ここにも生徒の発意・発想が生かされる。学校内のボランティア活動実施の提案が，生徒評議会で話し合われたことで，学校周辺の地域へと活動が広がり，そこから新たな課題発見も可能となる。

2　各活動・学校行事間の関連と学級経営の充実

担任は，学級活動内容(1)での合意形成としての実践（取組）の成果と課題を的確に把握し，活動内容(2)又は(3)につなげたり，生徒会活動や学校行事と関連させたりすることで学級経営のさらなる充実を図ることができる。その際に留意する点は以下のとおりである。

> ア　話し合って決めたことは確実に実践し，振り返り，よかった点と反省点を明らかにする。
> イ　生徒評議会等で代表者が学級間の情報交換を行い，学校生活改善への意識を高める。
> ウ　各学級の取組の実態を全教職員で共有できる掲示コーナー等を工夫し，活動の足跡をたどれるようにする。
> エ　各種の委員会活動の中で「学級から学校へ」「学校から地域

へ」という社会参画への意識を育んでいく。
オ　生徒の発意・発想を生かすという態勢を学校として整える。

第2節　特別活動の全体計画と年間指導計画，関連議題，題材例

1　学校経営の一翼を担う特別活動

　森を見て木を見ない状況でも困るし，木を見て森を見ない状況でも困る。学校経営を充実させる上では，教育課程における各教科等（「木」）がどのように関わり，どのようにそれぞれの特質を生かして，全教育活動（「森」）を成り立たせているのか全教職員に理解されていることが大切である。特別活動は，全校生徒が同じ時間，同じ場所で，同じ目標に向かって取り組む機会が多い。したがって，全教職員の共通認識，共通理解，共通行動の態勢が欠かせない。新学習指導要領では，カリキュラム・マネジメントの重要性を指摘している。それぞれの教科等を単体として見るのではなく，相互に関連し，教育課程という総体を構成する要因として見ることで，その果たす役割や機能，各教科等との関わりが一層明確になる。まさに学校経営充実の一翼を担うという視点で，各教科等の指導計画を作成することに留意したい。もちろん特別活動もその例外ではない。

2　全体の指導計画作成上の留意点

全体の指導計画作成に当たり，以下のことに留意したい。
① 　学校，生徒，家庭，地域等の実態を丁寧に把握する。
　・質問紙調査，家庭や地域の学校への期待度調査
　・学校課題解決に向けた家庭や地域の教育力の活用方法

② 学校経営上に果たす役割や機能を明確にする。
・学校教育目標具現化に果たす役割
・学校課題解決に向けた「各活動・学校行事」の内容の重点化
③ 教科等との関連の仕方等を明確にする。
・学級づくりと学力向上との関係
・積極的生徒指導との関係
・「特別の教科　道徳」の授業との関係
④ 各学年の到達目標やそのための実践内容を明確にする。
・計画的，系統的な実施を促す計画案
・各学年間の連携の在り方，育てたい資質能力

なお，全体の指導計画例は，52ページに提示してある。

3　議題，題材の捉え方

　学級活動内容(1)においては，生徒の自発的，自治的な活動としての話合いをより深めるために，「会議で討議する課題」，つまり「議題」を，教師の適切な指導の下で生徒が選定する。また，内容(2)(3)においては，話合いを進めるための「主題となる材料」である「題材」を教師が設定する。

　内容(1)での話合い活動が，ねらいに沿った合意形成に辿りつくかどうかのポイントが「議題の質」である。「議題の質」とは，現状の学級の実態を踏まえた課題であり，生徒が「ぜひ話し合いたい」という切実感をもったものであるかどうかということである。

　中学校での学級活動内容(1)の実践を小学校と比較してみると，あまり芳しいものとは言えない。現場の教師からは「中学生になると学級会は難しい」「中学生になるとわかっていても発表しなくなる」という声も挙がる。確かに発達段階での状況も否定できないが，やはり小学校6年間の実践を中学校3年間で充実，発展させていくことに主眼

を置いた「チーム○○学校」としての確かな実践が重要となる。

一方，学級活動内容(2)(3)では，生徒の実態や生徒を取り巻く環境の変化などを見据えながら題材を設定する。議題と同様，題材も生徒が切実感を抱けるということが条件となる。切実感を抱けるということは，設定された題材を自分たちの「問題」として認識でき，さらにその問題の解決の方向性を見通せる「課題」が明確になっているということである。「問題」が現状と在りたい姿・なりたい姿とのギャップだとしたら，「課題」は，その「問題」を解決する道筋や方策まで見通せるものとして捉えたい。

4　議題の選定，題材の設定と学年ごとの年間指導計画の作成

議題の選定に当たっては，次のような点について事前の打ち合わせ（学級活動委員会等）で確認しておくことが必要である。

・どのような状況のとき，どのような議題を選定すべきなのか。
・どのように議題を集めるのか。
・議題からはずれてしまった意見をどのように扱うのか等。

また題材設定に当たっては，先にも述べたとおり問題を問題として終わらせず，学級又は学校全体の問題として受け止めさせ，よりよい自分のために，どのような手立て・方策をとればよいか，という課題意識を高めておくことが必須条件となる。

ここで，学年ごとの学級活動年間指導計画の一部を紹介する。

第1学年　学級活動年間指導計画　　○○市立○中学校

	主な学校行事等	学級活動(1) 予想される議題例	学級活動(2)(3)		道徳との関連
			題材	指導のねらい	
4月	入学式 始業式 対面式 離任式 健康診断 授業参観 避難訓練	・入学祝い会の計画を立てよう	・中学生になって (2)ア	新しい学年の学習や生活，人間関係等への不安を解消し，新しい学年への期待感を高める。学級会のオリエンテーションも行う。	目標・強い意志 友情・信頼
		・学級の係を決めよう	・中学校の生活と約束 (3)イ	生活のルールや約束を理解し，楽しく過ごしやすい学級をつくる態度を育てる。	基本的な生活習慣
		・生徒総会に向けて提案しよう ・クラス紹介の内容を決めよう	・学校図書館の意義とその活用 (3)ア	学校図書館の意義や役割を理解し，積極的に活用する態度を育てる。	個性の伸長
5月	家庭訪問 中間テスト 生徒総会 新体力テスト	・教育実習の先生に感謝を伝える会の計画を立てよう	・安全な生活 (2)エ	交通ルールや正しい自転車の乗り方を確認し，安全に生活する意識を高める。	法令順守
			・学習の計画 (2)ア　(3)ア	学習計画の立て方や効果的な学習方法を考えられるようにする。	自主・自律 個性の伸長

第3学年　学級活動年間指導計画　　○○市立○中学校

	主な学校行事等	学級活動(1) 予想される議題例	学級活動(2)(3)		道徳との関連
			題材	指導のねらい	
1月	始業式 課題テスト 進路検討会	・6年生に中学校生活を紹介する計画を立てよう	・冬休みの振り返りと学校生活 (2)ウ　エ	冬休みを振り返り，決意新たに目標に向かって取り組もうとする意欲を高める。	目標・強い意志
		・後輩に感謝の気持ちを伝える計画を立てよう	・自分の進路と将来設計 (2)エ　(3)ウ	希望や目標，そして夢について考え，よりよく生きようとする意欲を高める。	目標・強い意志
2月	三者面談 スキー学校 高校出願 学年末テスト	・クラスの思い出カウントダウンカレンダーをつくろう	・三者面談の受け方 (2)ア　(3)ウ	個性を生かし，自分に合った進路を的確に選択できるようにする。	個性の伸長
			・30年後の私 (3)ウ	社会の変化を視野に入れ，生き方や人生の有り様について考えることができる。	個性の伸長
3月	三送会 卒業式 修了式	・学級文集を作る計画を立てよう	・充実した人生と学習 (2)ウ　エ　(3)ア	学ぶことと働くことを結び付け，将来の生き方を考えることができる。	目標・強い意志
		・学級卒業式の計画を立てよう	・卒業に向けて (2)イ　ウ　エ	この3年間を振り返り，感謝の気持ちをもって母校を巣立つ態度を育てる。	感謝

〈議題選定にあたっての留意点〉
①学級として興味・関心が高い議題　　　　②学級生活の充実・向上に直結する問題
③学級の共通の課題と認識されている問題　④自分たちの力で解決できる問題
⑤解決を後回しにはできない問題　　　　　⑥生徒会活動から要請を受けた問題

〈生徒の自治的活動の範囲を超える内容例〉
①友達を傷つけるような結果が予想される問題　　　②教育課程の変更に関する問題
③校内のきまりや施設，設備の利用やその変更に関わる問題　④金銭の徴収に関する問題
⑤健康や安全に関する問題　等

議題,題材については,指導計画に示されているものだけでなく,関連議題・題材を用意しておく。というのも学級の実態は様々な要因によって変化するものである。指導計画に示されている議題と題材は,到達したいねらいに沿って決定したものであるが,場合によっては「質の高い議題・題材」に取り組ませるということが生じる。またその逆もありうる。もちろん,学級担任と生徒は,より高い基準に「目指す学級の姿」を置いているわけだが,生徒の実態,学級の実態に柔軟に対応するためにも,関連議題・題材を学校として整えておくのは,必要なことである。関連議題・題材例を以下に示す。

［関連議題例］
- ◇バスレクを楽しもう　◇男子の主張・女子の主張
- ◇○組の学習憲章を決めよう　◇楽しい修学旅行にしよう
- ◇１学期のまとめをしよう（仲間の頑張りを称えよう）
- ◇学級のトラブル解決方法を話し合おう
- ◇これでいいの?!　今の学級！　◇２学期の学級"光と影"　等

［関連題材例］
- ◆楽しい給食の時間を目指して　◆将来の夢と希望を語ろう
- ◆情報社会のモラルを守ろう　◆心と体のバランスを保とう
- ◆自分のよさや得意を伸ばす学習方法
- ◆リーダーとフォロアーの役割　◆災害時の安全対策　等

この他に「各種の委員会活動」「生徒評議会」「小中学校間連携」等の年間指導計画を作成する。なお,学校行事の年間指導計画例は省略するが,５種類の学校行事ごとの指導計画,月ごとの学校行事の指導計画等の作成が求められる。

第2章 各活動等の内容と具体的な進め方

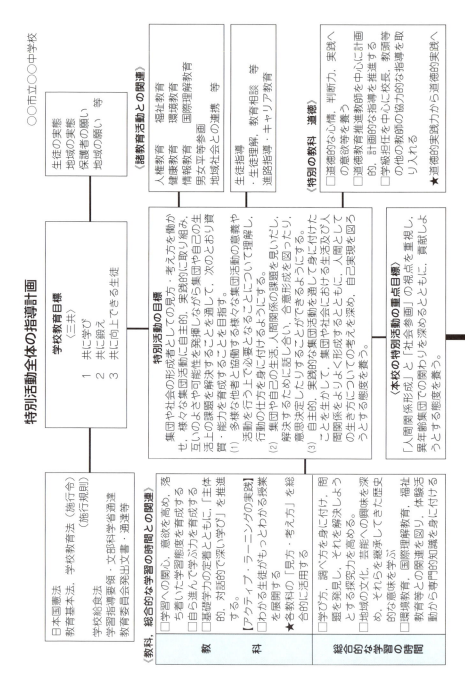

第2節 特別活動の全体計画と年間指導計画，関連議題，題材例

学年	第 1 学 年	第 2 学 年	第 3 学 年
重点	□様々な集団活動の楽しさを味わわせる □集団や社会の一員としての自覚を深める	□様々な集団活動や集団生活を通して存在感や成就感を味わわせる □よりよい学校生活を築こうとする態度を育てる	□様々な集団活動を通して，自己実現を図り，よりよい生き方について真剣に考える □特に「社会貢献」の視点を大切にし，社会の一員として行動する力を育てる

《特別活動の内容》

	学 級 活 動	生 徒 会 活 動	学 校 行 事
目標	◆学級生活をよりよくするための話し合いの実践 ◆合意形成，意思決定による自主的，実践的な活動 ◆将来のよりよい生き方についての思索と実践	◆異年齢同士での話し合いによる学校生活の改善 ◆諸問題の解決に向けた役割分担と実践	◆体験的な活動を通した集団への所属感や連帯感の自覚 ◆公共精神の醸成
活動の内容	(1) 学級や学校における生活づくりへの参画 ・入学，進級オリエンテーション ・いじめ，暴力のない学級づくり ・学級内の係，当番活動 ⇒全学級に「学級活動コーナー」の設置 ・ボランティア団体の方の講話から学ぶ 等 (2) 日常生活や学習への適応と自己の成長及び健康安全 ・互いのよさを知る ・男女の協力 ・思春期の悩みや不安 ・食育 ・災害からの安全確保 ・交通安全 等 (3) 一人一人のキャリア形成と自己実現 ・自分に合った学習方法，学校図書館の活用 ・望ましい勤労観，職業観 ・進路の選択と将来設計 等 ★年間35時間以上，35週にわたり毎週実施する	(1) 生徒会の組織づくりと生徒会活動の計画や運営 ・学校生活の規律向上や学校文化の創造 ・環境の保全と美化 ・生徒の教養や情操の向上 ・よりよい人間関係の形成 ・学校行事への協力 等 (2) 学校行事への協力 ・生徒会活動としても計画や運営に積極的に協力 ・学校行事への協力を通しての学校生活充実を向上 (3) ボランティア活動などの社会参画 ・生徒会活動としてのボランティア活動 ・小学校との交流（あいさつ運動） ・学校区のフラワーロードづくりへの協力 等 ★生徒会総会年1回，生徒評議会月1回（定例） ・各種の委員会月1回 ・全教師で指導，助言にあたる	(1) 儀式的行事 ・始業式，終業式，修了式，入学式，卒業式，対面式，離任式 等 (2) 文化的行事 ・文化の集い，3年生を送る会 ・音楽会 等 (3) 健康安全・体育的行事 ・体育祭，避難訓練（小中合同引き渡し訓練），交通安全教室 等 (4) 旅行・集団宿泊的行事 ・自然体験学習，スキー学校 ・修学旅行 等 (5) 勤労生産・奉仕的行事 ・職場体験，フラワーロードづくり 等 ★全教師が計画，指導にあたる

5　生徒会活動の指導計画例

平成○○年度　生徒会活動　年間活動計画

1．生徒会活動の目的（生徒会会則第1章第2条）

本会は，会員の向上を目的とし，人格を尊重し合い，積極的な自治的活動を行う。又，学校生活を規律正しくすることにより，よりよい校風の樹立をめざす。

2．本部役員会の仕事（生徒会会則第5章第17条）
(1)　生徒総会への報告書などの原案を作成して，生徒評議会・生徒総会に提出する。
(2)　生徒総会・生徒評議会で決められたことや，まかされた仕事をする。※以下略

3．生徒会活動が関わる学校行事等

月	日	行事
4月	11日（□）	①対面式・生徒会オリエンテーション
	12日（△）	⑤部活動オリエンテーション
	22日（■）	離任式（送ることば・花束贈呈）

4．各種委員会・生徒評議会の日程（定例）

期	各種委員会（基本的に第4○曜日）		生徒評議会（基本的に第1○曜日）	
前期	4月14日（□）	組織編成 活動目標計画決め	4月20日（△）	生徒総会関連

5．生徒集会（基本的に第4○曜日の朝）の日程と担当委員会

（※内容は省略）

第3節 学級活動

1 目標と内容

(1) 学級活動の目標

学級活動の目標は,学習指導要領第5章第2で次のとおり示されている。

> 1 目標
> ①学級や学校での生活をよりよくするための課題を見いだし,解決するために話し合い,合意形成し,役割を分担して協力して実践したり,②学級での話合いを生かして自己の課題の解決及び将来の生き方を描くために意思決定して実践したりすることに自主的,実践的に取り組むことを通して,③第1の目標に掲げる資質・能力を育成することを目指す。

下線①については,学級活動の内容(1)「学級や学校における生活づくりへの参画」における一連の活動を示している。

下線②については,学級活動の内容(2)「日常の生活や学習への適応と自己の成長及び健康安全」及び内容(3)「一人一人のキャリア形成と自己実現」における一連の活動を示している。

このような活動に生徒が自主的,実践的に取り組むことを通して,波線③に関連した次のような資質・能力等を育成することを目指している。

○ 学級における集団活動や自律的な生活を送ることの意義を理解し，そのために必要となることを理解し身に付けるようにする。
○ 学級や自己の生活，人間関係をよりよくするための課題を見いだし，解決するために話し合い，合意形成を図ったり，意思決定したりすることができるようにする。
○ 学級における集団活動を通して身に付けたことを生かして，人間関係をよりよく形成し，他者と協働して集団や自己の課題を解決するとともに，将来の生き方を描き，その実現に向けて，日常生活の向上を図ろうとする態度を養う。

(2) 学級活動の内容

学級活動の内容は，学習指導要領第5章第2で次のとおり示されている。

> 2 内容
> (1) 学級や学校における生活づくりへの参画
> ア 学級や学校における生活上の諸問題の解決
>   学級や学校における生活をよりよくするための課題を見いだし，解決するために話し合い，合意形成を図り，実践すること。
> イ 学級内の組織づくりや役割の自覚
>   学級生活の充実や向上のため，生徒が主体的に組織をつくり，役割を自覚しながら仕事を分担して，協力し合い実践すること。
> ウ 学校における多様な集団の生活の向上
>   生徒会など学級の枠を超えた多様な集団における活動や学校行事を通して学校生活の向上を図るため，学級としての提案や取組を話し合って決めること。
> (2) 日常の生活や学習への適応と自己の成長及び健康安全

ア　自他の個性の理解と尊重,よりよい人間関係の形成
　　　自他の個性を理解して尊重し,互いのよさや可能性を発揮しながらよりよい集団生活をつくること。
　イ　男女相互の理解と協力
　　　男女相互について理解するとともに,共に協力し尊重し合い,充実した生活づくりに参画すること。
　ウ　思春期の不安や悩みの解決,性的な発達への対応
　　　心や体に関する正しい理解を基に,適切な行動をとり,悩みや不安に向き合い乗り越えようとすること。
　エ　心身ともに健康で安全な生活態度や習慣の形成
　　　節度ある生活を送るなど現在及び生涯にわたって心身の健康を保持増進することや,事件や事故,災害等から身を守り安全に行動すること。
　オ　食育の観点を踏まえた学校給食と望ましい食習慣の形成
　　　給食の時間を中心としながら,成長や健康管理を意識するなど,望ましい食習慣の形成を図るとともに,食事を通して人間関係をよりよくすること。
(3)　一人一人のキャリア形成と自己実現
　ア　社会生活,職業生活との接続を踏まえた主体的な学習態度の形成と学校図書館等の活用
　　　現在及び将来の学習と自己実現とのつながりを考えたり,自主的に学習する場としての学校図書館等を活用したりしながら,学ぶことと働くことの意義を意識して学習の見通しを立て,振り返ること。
　イ　社会参画意識の醸成や勤労観・職業観の形成
　　　社会の一員としての自覚や責任を持ち,社会生活を営む上で

> 必要なマナーやルール，働くことや社会に貢献することについて考えて行動すること。
> ウ　主体的な進路の選択と将来設計
> 　　目標をもって，生き方や進路に関する適切な情報を収集・整理し，自己の個性や興味・関心と照らして考えること。

2　指導計画の作成と内容の取扱い

(1)　指導計画作成上のポイント

① 　学校の創意工夫を生かすとともに，学校の実態や生徒の発達の段階などを考慮し，生徒による自主的，実践的な活動が助長されるようにする。
　(ⅰ)　学校教育目標の実現に向けて，学校の教職員の創意工夫を発揮し，それを生かしていく。
　(ⅱ)　学校の実態や生徒の発達の段階などを考慮するとともに，学級活動の内容ごとに生徒の発達や3学年間の系統性に配慮したりする。
　(ⅲ)　学級活動の特質を踏まえ，生徒の自発的，自治的な活動を尊重し，生徒が自らの力で組織を作り，活動計画を立て，協力し合って望ましい集団活動を行うように指導していく。
② 　内容相互，各教科，道徳科及び総合的な学習の時間などの指導との関連を図る。
　(ⅰ)　学級活動内容(2)については，国語科や社会科などの各教科等での話し合いの成果を学習に生かす。
　(ⅱ)　学級活動内容(2)については，道徳科や技術・家庭科，保健体育科などの学習内容とも関連する部分が多いため，その関連を生かしつつ，特別活動の特質を踏まえた指導をする。

③ 家庭や地域の人々との連携などを工夫する。
　（ⅰ）家庭や地域の人々との連携，社会教育施設等の活用などを工夫し，生徒の活動への意欲を高める。
④ 生徒指導及び教育相談の充実を図る。
　（ⅰ）生徒が心理的に安定して帰属できる学級づくりに心掛ける。
　（ⅱ）集団場面の学習成果が個別に生かされて生徒一人一人のものとなるよう個別指導の教育相談を意図的，計画的に行う。
⑤ ガイダンスの趣旨を踏まえた指導を行う。
　（ⅰ）学校生活への適応や人間関係の形成，進路の選択などについては，主に集団の場面での指導を重視する。
　（ⅱ）個々の生徒が抱える課題に対しては，その課題を受け止めながら，主に個別指導を充実させる。
　（ⅲ）中１ギャップによる学校不適応等に十分配慮するため，小学校高学年の学級活動との接続を図って，生徒に希望や目標をもたせて達成感を味わわせる。
⑥ 次年度に活用できる年間指導計画を作成する。
　（ⅰ）必要に応じて内容間の関連を図り，配当された時間の中で学級活動の目標が，適時適切に達成できるように指導計画を作成する。
　（ⅱ）学年ごとの内容の発展や深化について配慮する。
⑦ 学級活動に充てる授業時数を確保する。
　（ⅰ）学校教育法施行規則第73条の別表第２に示されているとおり年間35単位時間実施する。
　（ⅱ）毎週実施されるよう指導計画作成上，十分に配慮する。

(2) 学級活動の内容の取扱いのポイント

① 話合い活動など小学校からの積み重ねや経験を生かす。
　（ⅰ）小学校での議題の選定方法，司会や記録などの計画委員会への指導，児童による活動計画の作成，円滑な話合いの進め方や合意形成の仕方などを中学校でも生かすようにする。

(ⅱ) 小学校における学級活動の取組を参観したり,児童生徒の実態について情報共有を行ったりする。
② 学習や生活の見通しを立て,振り返る教材を活用する。
(ⅰ) ポートフォリオ的な教材のようなものを活用し,振り返って気付いたことや考えたことなどを記述していく。
(ⅱ) 学校や家庭における日々の生活や,地域における様々な活動なども含めて生徒自らが記録と蓄積を行っていく。

(3) 年間指導計画例

(第2学年)

月	週	題材	活動内容 (1)	活動内容 (2)	活動内容 (3)	指導のねらい	身に付けさせたい資質・能力 集団活動の意義や活動上の必要事項の理解と行動の仕方(知識及び技能)	身に付けさせたい資質・能力 生活や人間関係の課題の発見と解決のための話合い,合意形成,意思決定(思考力,判断力,表現力等)	身に付けさせたい資質・能力 人間関係等のよりよい形成,生き方の深化と自己実現を図ろうとする態度(学びに向かう力,人間性等)
4	1	第2学年を迎えて	ア	○ア		中堅学年としての生活上の心構えをもたせる。	中堅学年として,学級や学校の生活上の心構えを理解するとともに望ましい行動をしている。	中堅学年としての自覚をもち,決意を新たに目標を立てようとしている。	学級における新たな人間関係を形成し,自己の目標の実現に向かって取り組もうとしている。
4	2	学級目標の決定	○イ	ア		中堅学年としてふさわしい学級目標をつくり,学級生活の向上を図る。	学級目標を定めることの意義や,学級集団として意見をまとめる話合い活動の仕方を理解している。	学級の一員として,互いの意見のよさを生かしながら,よりよい学級目標について合意形成や意思決定を図ろうとしている。	学級内の課題を学級全体で解決していこうとする態度や協働して解決していこうとする態度を身に付けようとしている。
4	3	学級の組織づくり	○イ	イ		学級内の仕事と,それを学級の成員が分担することの意義を理解させ,協力して生活しようとする態度を育てる。	学級内の組織をつくる必要性や意義,活動の内容や方法を理解している。	学級の実態を踏まえ,よりよい学級づくりに必要な係等を考え,提案しようとしている。	互いのよさを生かし,助け合い,協力し合ってよりよい生活環境を創ろうとしている。
5	1	自分にふさわしい学習方法			ア	自己にふさわしい学習方法を考え,学習慣の改善を図る。	主体的に学習に取り組むことの大切さや,自己にふさわしい学習方法を理解している。	他の生徒の学習方法に学びながら,自己にふさわしい学習方法を考え,実行しようとしている。	日常生活における自己の学習を振り返り,よりよい改善策を実行しようとしている。

第3節　学級活動

	2	ボランティア活動への参加		○エ	イ	ボランティア活動の意義を理解し，ボランティア活動に主体的に関わろうとする態度を育てる。	ボランティア活動の意義や参加の仕方を理解している。	身近にできるボランティア活動について話し合い，自分ができることを考え，判断している。	社会の形成者としてよりよい社会を築くために必要となる態度を身に付けようとしている。
9	4	校内音楽会を成功させよう	ア			学級集団の向上に関心をもち，校内音楽会を通して学級集団を高める方法について合意形成を図るとともに，実践への意欲を高める。	校内音楽会の成功に向けて学級で取り組むことの意義や，集団活動における諸問題の解決の仕方について理解している。	学級の一員として，互いのよさを生かし合いながら，最高の合唱にするための具体策を考え，理由を示して意見を述べている。	校内音楽会の成功に向けて，学級の成員と協働し学級集団を高めようとする態度を身に付けようとしている。
10	1	進路に応じた学習機会の選択			ウ	将来の生き方や進路への興味や関心を広げるとともに，進学や就職の情報を収集，活用して，中学校卒業後の進路に関する理解を深めさせる。	進路情報の収集，活用の仕方及び，自分の進路希望を実現していくための方法や機会，制度について理解している。	当面する進路に関する情報を収集，整理し，自分や友人が活用できる資料をまとめ，卒業後の進路について主体的に判断している。	自己の将来を思い描き，自己にふさわしい生き方などについて考え，人間としての在り方を追求しようとしている。
	2	情報化社会におけるモラル		エ		インターネット等の望ましい活用法やモラルについて考え，ネット社会の一員としての自覚をもち，責任ある行動をとろうとする態度を育てる。	インターネット上のトラブルの望ましい対処法について具体的に理解している。	ネット社会の一員としての自覚をもち，情報モラルを守って情報機器を使用している。	集団や社会の形成者として，よりよい社会をつくろうとする態度を身に付けようとしている。

※「活動内容」の欄のア・イ・ウ……の記号は，該当する内容項目を示している。また，複数の内容項目を関連付けて行う場合は，○印が付いている方が重点を置く内容項目を示している。

【参考文献】
○国立教育政策研究所教育課程研究センター「評価規準の作成，評価方法等の工夫改善のための参考資料（中学校　特別活動）」2011年11月

3 指導事例

[(1) 学級や学校における生活づくりへの参画]

学級活動内容(1)の指導上の留意点

　本改訂では,育てたい資質・能力が明示された。その資質・能力を生徒に身に付けさせるための基盤となるのが,「支持的風土の醸成された学級」である。支持的風土の醸成された学級とは,生徒が認め合い,支え合い,協働することのできる学級である。そのような学級には,良好な人間関係が築かれ,生徒の発意,発想が大切にされ,やる気が育まれる。それは,生徒一人一人の個性を伸ばし,生き生きと学級,学校生活を送ることにつながる。こうした学級づくりにおいて,学級活動の内容(1)の果たす役割は大きい。なぜなら,学級活動内容(1)学級や学校における生活づくりへの参画は,「ア　学級や学校における生活上の諸問題の解決」「イ　学級内の組織づくりや役割の自覚」「ウ　学校における多様な集団の生活の向上」という三つの内容からも分かるとおり学級の課題解決に向けての話合いにより,その解決方法等が合意形成され,実践されることで生徒の自発的,自治的な活動が高まるからである。話合いで決まったことを学級全体で実践し,次の活動につなげていく。このような一連の活動を教師の適切な指導の下で積み重ねることにより,豊かな学級,学校文化の創造にもつながり,学校教育そのものの充実,発展が期待できる。

　中学校生活に不安と期待の入り混じる入学当初の学級活動で題材「中学生になって」(学級活動　活動内容(2))を実践した。この授業で,理想の学級生活を実現するための一つの手立てとして話合い活動(小学校の学級会)に取り組んでいくことを確認した。その後,学級では,出身小学校同士で関わる傾向が見られていた。次の事例1に見られる

議題は,「出身小学校の異なる仲間と関わって,これからの学級生活の充実と向上に努めたい」という生徒の声から生まれたものである。

また,話合い活動をするに当たり,小学校で活用している「学級会グッズ」を中学校でも準備することで,自分たちで話し合うことに戸惑うことなく実践することができる。教師の一方的な指導だけではなく,こうした活動を積み重ねることが,生徒一人一人の学級への所属感を深め,安心して学級・学校生活を送ることにつながると考える。

(1) 事例1 よりよい学級づくり

((1)ア 学級や学校における生活上の諸問題の解決)

① 本事例を取り上げた背景

本事例は,中学1年生の事例である。実践した中学校は,三つの小学校から入学してくる学校である(実践した時期は,入学して2か月経った頃)。

② 学級活動指導案

1 議題 「よりよい学級づくり」(1学年)
2 議題選定の理由 (略)
3 指導のねらい
・事前・本時・事後の一連の活動を通して,全員で協力しながらよりよい学級生活を創造しようとする態度を育む。
・話合い活動を通して,集団の一員としての自覚を深め,望ましい人間関係を築く力を育む。
4 展開の過程

(1) 事前の指導と生徒の活動

日時	活動の場	活動の主体	活動の内容	指導上の留意点
○月 ○日	帰りの会	学級全体	・「学級の実態」アンケートを行う。	・学級生活向上の視点をもって回答するように配慮する。
○月 ○日	放課後	学級活動委員会 ※途中略	・アンケートを集計し,学活委の今後の話合いの指針とする。	・話合いの方向性や解決方法などを考えさせる。

			◇学級活動委員会の構成員をおよそ半数ずつ替えていき，引き継ぎを通して責任感，達成感を味わわせる。**(見方・考え方)**	
○月 ○日	昼休み	学級活動委員会 ※途中略	・提案理由を練り上げ，話し合うことを検討する。	・提案理由には，学級生活向上の視点と提案者の思いを入れるよう配慮する。
○月 ○日	帰りの会	学級全体	・「学活委」の担当が，当日の学活の流れを説明する。	・学級全体が当日の流れをイメージできるように配慮する。

〔事前の指導上の留意点〕

・生徒が自分たちの問題としての意識を高めるために，アンケートの実施や日常の生徒相互の関わりを大切にして課題を明確にしていく。

・学級活動委員会を組織し，教師の適切な指導の下，計画から話合い，実践までリーダーシップを発揮できるようにする。学級活動委員会は，輪番制で取り組むことでリーダーシップとフォロワーシップを育てる。

・なぜ話し合うのかを明確にするためには，提案理由が大切になる。提案理由には以下の内容を取り上げる（例）

① 学級や日常生活の現状や実態（課題・問題を取り上げる）

② 話し合う必要性（提案者の思いや願いを生かす）

③ 問題の焦点化（解決への見通しをもつ）

※この提案理由が話合いのよりどころとなる。

(2) 本時の活動テーマ

"○組結成２か月！"仲間との親睦を深め，よりよい学級を目指そう。

(3) 本時のねらい

・小学校の学級会を生かして，提案理由を意識し，「自分もよくみんなもよい」考えを尊重して合意形成を図る。

・学級の一員として，学級生活の充実と向上を図ろうとする意欲を高める。

(4) 本時の展開

	活動の内容	指導上の留意点	評価の観点 (◎育てたい資質・能力)	資料等
活動の開始	1 はじめのことば 2 学級活動委員会の紹介	・主体的な話合いとなるよう，協力を呼びかける。 ・一人一人が努力目標を発表できるようにする。		話合いの進め方
活動の開始	○学級活動委員会が事前・本時・事後を通して，集団と個人の課題を明確にして話合いを進められる。**(主体的・対話的で深い学び)**			
活動の開始	3 議題の確認 4 提案理由の説明	・アンケート結果をまとめた用紙を配付し，その傾向・特徴を指摘する。		集計結果（模造紙等）
活動の開始	【提案理由】 中学校生活2か月が経ち，これまで一人一人が新たな気持ちで授業や学校生活を前向きに取り組むことができています。しかし，出身小学校同士で人間関係が固定化してしまい，せっかくの出会いがもったいない気がします。新たに出会った仲間を知り，よさを認め合える関係になって，これから1年間，楽しいことや辛いことを分かち合えるクラスにみんなでしたいと思って提案しました。＊＿＿は，キーワード			
活動の開始	□言語活動の充実を図り，教科指導につながるようにする。**(内容相互及び教科等の指導との関連)**			
活動の開始	◇話合い活動の道しるべとなる提案理由を生徒自らが作成することで，課題解決への意欲を高める。**(見方・考え方)**			
活動の展開	5 話合い ① 何をするか	・司会は，話合いがねらい（提案理由）からそれないよう，常に提案理由のキーワードを意識する。	◎学校の一員として自分たちの学級をよりよくする方法を考え，主体的に判断し，発表している。 **(思考・判断・表現)**	学級活動ノート 板書グッズ
活動の展開	○本時において，生徒は合意形成を目指し，自発的，自治的な活動を高めている。**(主体的・対話的で深い学び)**			
活動の展開	② みんなが楽しめるための工夫をどうするか。	・「自分もよくみんなもよい」視点をもち，小学校の活動を想起させ，他者の考えを認めながら折り合いをつけて合意形成ができるようにする。 ・「規律を正す」等の生徒指導に係る内容にならないようにする。		
活動の展開	③ 役割分担 （時間，場所，役割	・当番や係活動にも関心が向くようにする。	◎話合いで決まった役割	

	分担） 6　決定事項の確認	・一人一人に役割を果たすことができるように工夫する。 ・ノート記録の生徒が発表するように確認しておく。	を積極的に果たす手立てを理解している。 **（知識・技能）**	
活動のまとめ	7　自己評価，感想記入 8　先生の話 9　おわりの言葉	・自己評価を通して，実践に向けての自分の役割や活動への目標を確認するようにする。 ①　本時のよかった点 →流れを方向付けた発言にふれると話合いを価値付けることができる。 ②　次時への改善点 →実践に向けての活動意欲を高めるような助言を含む。 ③　学級活動委員へのねぎらい	◎よりよい学級にするため，互いのよさを認め，協力していこうとしている。 **（学びに向かう力・人間性等）**	学級活動ノート

〔本時の指導の留意点〕

・「合意形成を図る」とは，互いの意見の違いを理解し，よさを生かしながら最終的に"自分もよくみんなもよい"という視点で集団として意見をまとめることである。

・教師の指導，助言については，例えば，
　○提案理由から話合いがそれたとき
　○仲間を傷つける発言や人権を侵害するような発言があったとき
　○司会が進行に困っているとき　等

　一部の生徒だけではなく，学級全体に指導，助言をすることで，学級全体で共有することにより，話合いの質を高めることができる。

(5) 事後の指導と生徒の活動

◇決定したことが実践につながっているか，帰りの会や生徒の記録などから把握する。
　（見方・考え方）

日時	活動の場	活動の主体	活動の内容	指導上の留意点
○月 ○日	休み時間等	学級活動委員会	・決まったことを学級活動コーナーに記入する。	・決まったことを端的に分かりやすく記入するよう配慮する。

○月○日	昼休み帰りの会	学級全員	・決まった役割分担で準備をする。	・活動を想起させて役割を果たすことを助言する。
○月○日	決まった場所	学級全員	・準備してきたことを実践する。	・話合いで決まったことを意識できるように助言する。
○月○日	帰りの会	学級全員	・振り返り用紙に一連の活動を振り返る。	・よかった点と次につなげる点を明確に振り返るよう助言する。学級通信などで家庭へ様子を伝える。

〔事後の活動の留意点〕

　本時で決定したことの実践や成果の振り返りを行う。具体的には，本時で合意形成したことを実践し，実践の過程や成果を行動観察やアンケート調査等で確認しながら，今後の学校生活の改善に生かす必要がある。

・準備過程や当日の実践でも，話合いのときの提案理由を意識して活動できるようにする。
・活動後の振り返りについては，以下の点に留意する。
　○学級活動ノート等を活用し，一連の活動について自己評価を行うとともに，相互評価をし，仲間と認め合う機会を設定する。
　○活動の様子を掲示物として作成し，「学級のあゆみ（掲示コーナー）」に加える（役割分担の一つとしておくとよい）。
　○学級通信等で活動や成長した様子を保護者に伝え，学級経営への理解を得られるようにする。
　○成長と次への課題を示し，よりよい学級づくりへの活動意欲を高める助言をする。

第2章 各活動等の内容と具体的な進め方

〔参考資料〕
① 学級実態アンケート（例）

○学級の凝集度と生徒の生活意欲（学びに向かう力）や行動力との関係性を明らかにする。

○生活意欲に促された行動力が，学級の「学び合い」の環境づくりや生徒一人一人の学力向上の基盤となりうる事実を明らかにする。

※『学級の凝集性』『生活意欲（問題意識）』『行動力』『学習意欲・態度』の観点から学級の実態を把握する。

実態調査アンケート項目

『学級の凝集性』

1　あなたは，「学級目標」を意識して生活していますか。

2　今の段階で，あなたの学級は，「学級目標」はどの程度達成されていると思いますか。

3　あなたは，「学級のために」という気持ちや態度をもっていますか。

4　あなたは，「学級のために」という気持ちや態度をどんな行動に表していますか。

5　あなたは，「学級の一員」であるという自覚がありますか。

6　あなたは，どんな時に「学級の一員」であるということを自覚しますか。

7　学級会(話合い活動)は，学級にとって効果的なものだと思いますか。

8　その理由には，何が挙げられますか。

『生活意欲（問題意識）』『行動力』

1　あなたには，「もっとよい自分」になりたいという気持ちや態度がありますか。
　　　　あてはまるところに○をつけなさい。
　かなりある　まあまあある　あまりない　ない
　　　A　　　　　B　　　　　C　　　　D

2　あなたは，具体的にどんなことをしていますか。
　　（1でA・B・Cに回答した人）あてはまるところに○をつけなさい。（複数OK）
　ア　勉強　　イ　部活動　　ウ　友達関係
　エ　生徒会・委員会活動
　オ　その他（　　　　　　　　　　　）

3　あなたの学級には，今，解決すべき問題がありますか。
　　　　は　い　　　　　　いいえ

4　あなたには，学級の諸問題に気付き，解決したいという気持ちや態度がありますか。
　　　　あてはまるところに○をつけなさい。
　かなりある　まあまあある　あまりない　ない
　　　A　　　　　B　　　　　C　　　　D

『学習意欲・態度』

1　あなたは，授業中に「わからない」ことがあったら，どうしますか。
　　　　あてはまるところに○をつけなさい。（複数OK）
　ア　友達に聞く　　イ　先生に質問する
　ウ　後で調べる　　エ　そのままにする
　オ　その他（　　　　　　　　　　　）

2　授業中に「わからない」ことがあったら，恥ずかしがらずに「わからない」と言えるのは，何か理由があると思いますか。一番あてはまるところに○をつけなさい。
　ア　学級の雰囲気（人間関係，優しさなど）
　イ　その人の性格　　ウ　先生
　エ　その他（　　　　　　　　　　　）

3　授業に集中できる学級は，どんな学級だと思いますか。
　（　　　　　　　　　　　　　　）学級
　　　　　　　　※足りない場合は付けたしてください。
　（　　　　　　　　　　　　　　）学級

4　あなたは，授業中の友達の発言（意見）を聴いてい

② 板書例（小中一貫教育で活用しているもの）

　板書で使用されるグッズは，生徒の関心を高めるだけでなく，話合いの流れが分かりやすくなり，話合いの基本的な進行，段階（今何を話し合っているのか）を明確に示すことで，安心して発言することにつながり，本音で話し合うことのできる環境づくりに役立つ。また，色や大きさの工夫によりユニバーサルデザインの視点からも有用性が高くなる。

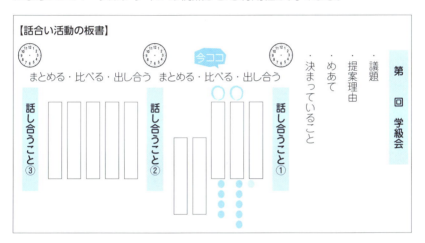

③ 学級活動ノート

　このノートは，事前に学級活動委員会が事前に準備し，事前に話し合うことをまとめ短冊に整理したり，当日の話合いの流れを見通したりすることに活用する。

　また，本時（話合い活動）では，自分の意見をまとめたり，他者の考えを書き留めたりなどして合意形成に向けて活用する。

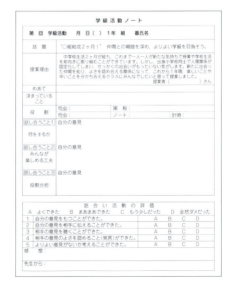

(2) 事例2　中学校最後の音楽会を最高の合唱にするための取組を計画しよう

((1)ア　学級や学校における生活上の諸問題の解決)

① 議題と主なねらい

「中学校最後の音楽会を最高の合唱にするための取組を計画しよう」
（3学年）

・小学校を含めた義務教育9年間の学びを生かしながら，生徒の発意，発想で創意工夫をしながら，合意形成できるようにする。
・中学校最後の音楽会で最高の合唱にしようとする活動を通して，よりよい学級，学校生活を創ろうとする生徒の自主的，実践的な態度を育む。

② 育てたい力

目標(1)	目標(2)	目標(3)
集団活動の意義や活動上の必要事項の理解と行動の仕方（知識及び技能）	生活や人間関係の課題の発見と解決のための話合い，合意形成，意思決定（思考力，判断力，表現力等）	人間関係等のよりよい形成，生き方の深化と自己実現を図ろうとする態度（学びに向かう力，人間性等）
最高の合唱を創りあげることが音楽会の成功につながり，そのために学級全体で取り組む意義や諸問題の解決の方法について理解している。	学級の一員としての自己の役割と責任を自覚し，よりよい取組にする方法を考え，協働しながら主体的に活動している。	自分たちで「気付き，考え，行動する」自主的，実践的な態度と，よりよい目標を設定し，「高みの自分」を目指そうとしている。

③ どのように学ぶか

(1) 展開（主体的・対話的で深い学び）

・学級活動委員会や音楽会実行委員，指揮者，伴奏者，パートリーダーの話合いで最後の音楽会へのアンケート*を作成し，学級全体で実施，集計した後，発表して課題意識を高める。［目標(1)］
・最高の合唱にするための一つの取組として，話合いによって合意形成された「全員で○○回歌いきる」の目標を"○○ピースパズル（学級の合い言葉（掲示物）を○○ピースに分けてパズル形式

にしたもの)"をつくり，実践する。［目標(2)(3)］
　　・実践後，一連の活動を振り返る。（自己評価，相互評価）［目標(3)］
(2) 指導上の留意事項
　　・事前アンケートは，最後の音楽会に向けた一人一人の前向きな思いを把握するために行う。内容は学級全体で共有し，提案理由にも生かし，話合い活動に生かす。
　　・話合いは，生徒が自主的に進行できるよう，事前に学級活動委員会の打ち合わせを行う。
　　・生徒の自主的，実践的な態度を育むために，一連の活動で教師の適切な指導を適宜行う（生徒に任せきりにしない）。
(3) 資料・教材
　　・学級活動委員会の打ち合わせや話合い活動で，教師が過去に実践した取組を紹介する（生徒がイメージしやすく，創意工夫につながる）。
　　　　＊アンケート項目（・最高の合唱をつくり上げるために必要なことは何ですか　・ステージで歌い終わった後，どんな気持ちでいたいですか　等）

④ **カリキュラム・マネジメントの視点から**
(1) 各教科との関連
　【国語】［第3学年］　A話すこと・聞くこと
　　進行の仕方を工夫したり互いの発言を生かしたりしながら話し合い，合意形成に向けて考えを広げたり深めたりすること。
(2) 特別活動の各活動・学校行事との内容相互の関連
　　学級での活動が，学年や学校全体に広がることが考えられる。その際，生徒会活動では，生徒評議会を活用すること，学校行事では，次年度の全体計画，年間指導計画に組み入れることで教員間の調整を図ることができ，学校文化の創造につなげることが可能となる。

(3) 道徳科の内容との関連
　B(9)〔相互理解，寛容〕　これまで築いてきた人間関係から一人一人の個性や立場を尊重しながら，自分の考えや意見を伝え，様々なものの見方や考え方があることを理解しながら折り合いをつけようとする態度を育てる。
　C(15)〔よりよい学校生活，集団生活の充実〕　学級の一員としての自覚をもち，役割を責任をもって果たすことにより，学級への所属感や自尊感情を高める。それがよりよい学校生活を創造しようとする態度を育てることにつながる。
(4) 家庭・地域との連携，生徒指導との関連
・各種便り（学校便り，学年便り，学級便り等）に活動の目的，話合い活動や実践の様子，実践後の生徒の振り返りを掲載し，地域や家庭に伝える。
・生徒指導は学校の教育活動全体を通して，全職員で指導していくものであるが，本活動自体，人と関わり合いながら，他者を認め，協働することによってよりよく生きようとすることを学ぶことができる。

(3) **事例3　2年1組オリジナル友だちカルタ大会をしよう**
((1)イ　学級内の組織づくりや役割の自覚)

① **議題と主なねらい**
「2年1組オリジナル友だちカルタ大会をしよう」（2学年）
・クラスオリジナルカルタ大会の活動を通して，自他のよさを再確認するとともに，仲間への思いやりと感謝の気持ちを共有し，学級の連帯感を深める。
・事前，本時，事後の一連の活動を通して，全員で協力しながらよりよい学級文化を創造しようとする態度を育む。

② 育てたい力

目標(1)	目標(2)	目標(3)
集団活動の意義や活動上の必要事項の理解と行動の仕方（知識及び技能）	生活や人間関係の課題の発見と解決のための話合い，合意形成，意思決定（思考力，判断力，表現力等）	人間関係等のよりよい形成，生き方の深化と自己実現を図ろうとする態度（学びに向かう力，人間性等）
友達のよさを再発見するとは，どういうことなのかを理解するとともに，自らの言動で伝える方法を身に付けている。	友達のよさを再発見するカルタづくりやその内容について友達の意見を生かしながら判断・決定しようとしている。	学級内の人間関係をよりよいものにし，楽しい学級生活を実現させようと自ら実践しようとしている。

③ どのように学ぶか

(1) 展開（主体的・対話的で深い学び）

- 学級活動委員と提案者で学級会を開くための事前準備をする。「提案理由の練り上げ」「話し合うこと」「めあて」「役割分担」をしたのち，次回の学級会の予告をし，学級全体が前向きに意欲をもって学級会に臨めるようにする。［目標(1)］
- 「友達のことをもっと知る会を開くことでさらに仲を深めたい」という提案理由を大切にし，自らの意見を発表する。［目標(1)(2)］
- カルタの「絵札，読み札」に何を書くかの話合いによって合意形成された「絵札には，その人の得意とすることをやっている姿とその人の好きな食べ物を描こう」「読み札の文には，その人のおもしろいエピソードとその人のまだ意外と知られていないことを文章にしよう」を基にカルタ作りをする。［目標(2)(3)］
- カルタ大会を「盛り上げる工夫」の話合いによって合意形成された「１番多く取った人に賞状を渡す」「黒板や教室に飾り付けをする」「男女混合でグループを組む」「カルタ大会の最後に記念の集合写真を撮る」の準備活動をする。［目標(2)(3)］
- 実践後，一連の活動を振り返る（自己評価，相互評価）。［目標(3)］

(2) 指導上の留意事項

- 学級活動委員と提案者との事前準備では，学級会が生徒たちによ

る自主的,自律的な活動となるように話合いの進め方を助言する。
- クラスで楽しい活動をしたい,もっと友達のよさを知りたいという視点を踏まえて,学級全体に分かりやすく伝わる提案理由が作成できるように助言する。
- 「よさ」を好き嫌いの感情で判断しないように事前の活動で,その定義をしておく。
- カルタのイメージが共通理解できるように,サンプルを提示する。
- 提案理由に沿った意見が学級会で発表できるように助言する。
- 生徒の自主的,実践的な態度を育むために,一連の活動で教師の適切な指導を行う(自治的活動になるように)。

(3) 資料・教材
- 事前に自分の意見を記入する「学級会ノート」
- 学級会の話合いの流れが可視化,視覚化,構造化するための「黒板掲示」
- イメージの共通理解を図るための「カルタのサンプル」

④ **カリキュラム・マネジメントの視点から**
(1) 各教科との関連
【国語】 A話すこと・聞くこと
　進行の仕方を工夫したり互いの発言を生かしたりながら話し合い,合意形成に向けて考えを広げたり深めたりすること(第3学年)。
(2) 特別活動の各活動・学校行事との内容相互の関連
　本実践の経験が生徒会活動や学校行事においても生徒たちによる豊かな発想力や創造力を生かした「話合い活動」の実施と展開につなげられ,楽しく豊かな学校生活の創造に発展させることができる。例えば,「わがクラスの自慢・ここがすごいぞ!」というテーマで,個人や学級としての成長を全校にPRする集会活動などである。

(3) 道徳科の内容との関連

B(9)〔相互理解，寛容〕 これまで築いてきた人間関係から一人一人の個性や立場を尊重しながら，自分の考えや意見を伝え，様々なものの見方や考え方があるという違いを理解し，認め合おうとする態度を育てる。

C(15)〔よりよい学校生活，集団生活の充実〕 学級の一員として自覚をもち，協力し合ってよりよい学級生活をつくるとともに，集団の中で互いのよさや可能性を認め，それぞれの役割と責任を自覚して集団生活の充実に努める態度を育てる。

(4) 家庭・地域との連携，生徒指導との関連

実践後に記入する振り返り用紙（自己評価・相互評価）の記述内容を学級通信等で取り上げ，活動のねらいや実践の様子を家庭に発信する。その際に，カルタの読み札を保護者に紹介し，感想を求めるとともに活動の評価を依頼する。

友達のよさを再発見するということは，生徒指導において重要な共感的理解や受容が為されてこそ実現されるものである。生徒一人一人を大切にしている活動への理解を深めることで学級，学校への信頼を高めることができる。

【参考文献】
○国立教育政策研究所教育課程研究センター「楽しく豊かな学級・学校生活をつくる特別活動（小学校編）」2014年6月

(4) 事例4　合唱コンクールに向けて，団結と盛り上げるためのクラス独自の取組を考えよう

((1)イ　学級内の組織づくりや役割の自覚)

① 議題と主なねらい

「合唱コンクールに向けて，団結と盛り上げるためのクラス独自の取組を考えよう」（2学年）

- 自分もよく,クラスの仲間も楽しめる取組を目指し,一人一人が役割を担うことで,主体的に活動する態度を育む。
- 合唱コンクールに向けた活動を通して,全員で協力しながらよりよい学級文化を創造しようとする態度を育む。

② **育てたい力**

目標(1)	目標(2)	目標(3)
集団活動の意義や活動上の必要事項の理解と行動の仕方(知識及び技能)	生活や人間関係の課題の発見と解決のための話合い,合意形成,意思決定(思考力,判断力,表現力等)	人間関係等のよりよい形成,生き方の深化と自己実現を図ろうとする態度(学びに向かう力,人間性等)
合唱練習以外で学級の団結に結び付く方策を理解し,そのための行動をとろうとしている。	合唱コンクールに向け,学級の団結や盛り上がりに必要なことを考え,判断し,実践しようとしている。	全員で学級の団結や盛り上がりに協力し,よりよい学級文化を創るため,自らの役割を遂行しようとしている。

③ **どのように学ぶか**

(1) 展開(主体的・対話的で深い学び)

- 学級活動委員と実行委員(提案者)で学級会を開くための事前準備をする。「提案理由の練り上げ」「話し合うこと」「めあて」「役割分担」をしたのち,次回の学級会の予告をし,学級全体が意欲をもって前向きに学級会に臨めるようにする。[目標(1)]
- 事前のアンケート*により,合唱コンクールを成功させるために必要な条件を把握し,好ましい取組態度を意識する。[目標(1)]
- 「クラス独自の取組をみんなでアイデアを出し合って決めて,活動も頑張り,合唱コンクールも盛り上げていきたい」という提案理由を大切にしながら,自らの意見を学級会で発表する。[目標(1)(2)]
- 「何を作るか」の話合いによって合意形成された「歌詞の掲示物」「日めくりカレンダー」「発声のポイント掲示物」「みんなの意気込みを書いた掲示物」「お守り(ミサンガ)」を全員で役割分担をし,作製する。[目標(2)(3)]

・実践後，一連の活動を振り返る。（自己評価，相互評価）［目標⑶］
(2) 指導上の留意事項
　・学級活動委員と合唱コンクール実行委員との事前準備では，学級会が生徒たちによる自主的，自律的な活動となるように話合いの進め方を助言する。
　・「さらに団結力のあるクラスにしたい，メリハリをもったクラスにしたい」とする実行委員の思いが学級全体に分かりやすく伝わるような提案理由となるよう助言する。
　・提案理由に沿った意見が学級会で発表できるように助言する。
　・順位等の結果のみにこだわるのではなく，学級のまとまり，役割遂行，責任感等を優先できるようにする。
　・生徒の自主的，実践的な態度を育むために，一連の活動で教師の適切な指導を行う（自治的活動になるように）。
(3) 資料・教材
　・学級会の事前に自分の意見を記入する「学級会ノート」
　・学級会の話し合いの流れが可視化，視覚化，構造化するための「黒板掲示」
　・学級活動委員会の打ち合わせや話合い活動で，教師が過去に実践した取組を紹介する。
　　＊アンケート項目（・本番までどのようなことを一番大事にしたいか　・納得できる合唱に仕上げる条件とは何か　等）

④ カリキュラム・マネジメントの視点から

(1) 各教科との関連
　【国語】　A話すこと・聞くこと
　進行の仕方を工夫したり互いの発言を生かしたりしながら話し合い，合意形成に向けて考えを広げたり深めたりすること（第３学年）。

(2) 特別活動の各活動・学校行事との内容相互の関連

　「体育祭」や「宿泊学習」「学級のまとめの会」等を行う際にも同様に学級会を開き、生徒の豊かな発想力で楽しい活動が決まり、全員で役割分担し活動することにより楽しい学校生活につながることを感じさせることができる。また、今回他学年との合唱練習や交流したことがきっかけとなり、お礼のメッセージ交換をするなど異年齢集団の活動の充実につながった。

(3) 道徳科の内容との関連

　B(9)〔相互理解，寛容〕　自分の意見を相手に伝えるとともに、それぞれの個性や立場を尊重し、いろいろなものの見方や考え方があることを理解し、寛容の心をもって謙虚に他に学び、自らを高めようとする態度を育てる。

　C(15)〔よりよい学校生活，集団生活の充実〕　学級の一員として自覚をもち、協力し合ってよりよい学級生活をつくるとともに、集団の中での自分の役割と責任を自覚して集団生活の充実に努める態度を育てる。

(4) 家庭・地域との連携，生徒指導との関連

　合唱コンクール当日、保護者や地域の人たちが鑑賞することにより、生徒たちのそれまでの取組状況を把握することができる。事後指導の一環として、振り返り用紙（自己評価・相互評価）の記述内容を学級通信等で取り上げ、活動のねらいや実践の様子を家庭に発信する。保護者に取組の評価を依頼する。

【参考文献】
○国立教育政策研究所教育課程研究センター「楽しく豊かな学級・学校生活をつくる特別活動（小学校編）」2014年6月

第3節　学級活動 ［(1)　学級や学校における生活づくりへの参画］

(5) 事例5　いじめが起こらない学級にするためのクラスオリジナルの活動をしよう

((1)ウ　学校における多様な集団の生活の向上)

① 議題と主なねらい

「いじめが起こらない学級にするためのクラスオリジナルの活動をしよう」（1学年）

・いじめが起きてからの対応ではなく，生徒自身が「いじめ」について考えることで，相互理解を深め，いじめの未然防止を目指す。

・生徒一人一人に自分や他者を大事に思う気持ちをもたせ，いじめや暴力のない，誰にとっても学級や学校が安心・安全で居心地のよいところにする。

・仲間の意見をよく聞いて，気持ちや考えを理解し，その意見を基にさらに自分の考えを深めていこうとする態度を育てる。

② 育てたい力

目標(1)	目標(2)	目標(3)
集団活動の意義や活動上の必要事項の理解と行動の仕方（知識及び技能）	生活や人間関係の課題の発見と解決のための話合い，合意形成，意思決定（思考力，判断力，表現力等）	人間関係等のよりよい形成，生き方の深化と自己実現を図ろうとする態度（学びに向かう力，人間性等）
いじめとは何かとともに，いじめの個人及び集団への甚大な負の影響を理解し，よりよい人間関係を築くための言動を身に付けている。	学級からいじめを起こさないための方策について進んで意見を発表し，話合いで決定したことを継続して実践しようとしている。	いじめゼロを目指し，自分のできることを明確にするとともに，友達と協力して取り組もうとしている。

③ どのように学ぶか

(1) 展開（主体的・対話的で深い学び）

・問題意識をもって話し合える事前準備の充実として「いじめに関する意識アンケート」を行い，生徒の実態把握と問題の発見をする。［目標(1)］

・学級活動委員と学級会を開くための事前準備をする。「提案理由

の練り上げ」「話し合うこと確認」「めあて」「役割分担」をしたのち，次回の学級会の予告をし，学級全体が意欲をもって前向きに学級会に臨めるようにする。[目標(1)]
・「いじめの構造にある四つの立場の人に，自分の伝えたいことを発表し合う」「いじめが起こらない学級にするためのクラスのオリジナルの活動を決めよう」を二つの柱で話し合う。[目標(2)]
・いじめが起こらない学級として必要な条件を確認し合う。[目標(1)]
・「どんなオリジナル活動をするか」の話合いで「昼休みにクラス全員で楽しい時間を過ごそう」という意見の下，話合いによって合意形成された「腕相撲大会」「フルーツバスケット」「ありがとうカード交換」「いつ・どこで・誰が・何をしたゲーム」の実施に向けて全員で役割分担をし，活動する。[目標(2)(3)]
・実践後，一連の活動を振り返る（自己評価，相互評価）。[目標(3)]

(2) 指導上の留意事項
・「いじめ」に当たるか否かの判断は，いじめられた生徒の立場に立って行うものであること，いじめられたとする生徒の気持ちを重視することを教師が押さえる。
・問題の発見から自己を振り返り，他者の意見や考えに触れ，自分の考えを広げさせる。
・相手に対する言葉や態度の影響を考えさせ，誰もが居心地のよい生活環境をつくるようにする。

(3) 資料・教材
・「彩の国生徒指導ハンドブック　ニュー・アイズ」（埼玉県教育委員会　作成）
・「いじめに関する意識アンケート」（いじめを見たときどうしますか？⇒助ける・友達に相談する・先生等に報告する・止めに入る・見て見ぬふりをする・何もしない等）

第3節　学級活動　[(1)　学級や学校における生活づくりへの参画]

・学級会の話合いの流れが可視化，視覚化，構造化するための「黒板掲示」

④ **カリキュラム・マネジメントの視点から**

(1) 各教科との関連

【国語】　A話すこと・聞くこと

進行の仕方を工夫したり互いの発言を生かしたりしながら話し合い，合意形成に向けて考えを広げたり深めたりすること（第3学年）。

(2) 特別活動の各活動・学校行事との内容相互の関連

本実践を全クラスで行うことで，いじめを起こさせない気持ちが学級・学校に広がり，楽しくよりよい学校生活づくりに取り組もうとする前向きな態度の育成にもつながる。また，自己指導能力や表現力育成，自分たちが学校の主役である意識ももたせることができる。

(3) 道徳科の内容との関連

B(9)〔相互理解，寛容〕　自分の意見を相手に伝えるとともに，それぞれのよさや可能性を認めるとともに，それぞれの違いを受け入れ，寛容の心をもって謙虚に他に学び，自らを高めようとする態度を育てる。

C(11)〔公正，公平，社会正義〕　正義と公正さを重んじ，誰に対しても公平に接し，いじめを許さない学級づくりに努めようとする態度を育てる。

C(15)〔よりよい学校生活，集団生活の充実〕　学級の一員として自覚をもち，協力し合ってよりよい学級生活をつくるとともに，集団の中での自分の役割と責任を自覚して集団生活の充実に努める態度を育てる。

(4) 家庭・地域との連携，生徒指導との関連

「いじめについて考える」生徒総会へと発展させ，各クラスで決まったオリジナル活動の発表やいじめについての個人の考えを発表する場を設けることで，全校生徒の人権感覚の育成につながっていく。

【参考文献】
○国立教育政策研究所教育課程研究センター「楽しく豊かな学級・学校生活をつくる特別活動（小学校編）」2014年6月

(6) 事例6　楽しく豊かな学校生活にするための異年齢集団活動をしよう

((1)ウ　学校における多様な集団の生活の向上)

① 議題と主なねらい

「楽しく豊かな学校生活にするための異年齢集団活動をしよう」（3学年）
・学校生活の充実向上を目指す話合い活動を通し，望ましい校風づくりへの参画意欲を育成する。
・「異年齢集団活動」を通して，学級や学年を超えた生徒相互の心の交流を図り，より好ましい人間関係を深め，所属感や連帯感を高める。

② 育てたい力

目標(1)	目標(2)	目標(3)
集団活動の意義や活動上の必要事項の理解と行動の仕方（知識及び技能）	生活や人間関係の課題の発見と解決のための話合い，合意形成，意思決定（思考力，判断力，表現力等）	人間関係等のよりよい形成，生き方の深化と自己実現を図ろうとする態度（学びに向かう力，人間性等）
豊かな学校生活を創ることの大切さや，学級や学校の一員としての話合い活動の進め方について理解している。	仲間の意見に含まれている気持ちや考えを理解し，学級や学校の一員としてのよりよい方法などについて考え，判断し，伝え合いながら実践している。	学級や学校の生活の充実に関わる問題に関心をもち，他の生徒と協力して，自主的，自律的に活動に取り組もうとしている。

③ どのように学ぶか

(1) 展開（主体的・対話的で深い学び）

・学級活動委員への指導（進め方，進行のポイント，模擬学級会）と「提案理由の練り上げ」「話し合うこと確認」「めあて」「役割

第3節　学級活動 〔(1)　学級や学校における生活づくりへの参画〕

　　　分担」をしたのち，次回の学級会の予告をし，学級全体が意欲をもって前向きに学級会に臨めるようにする。〔目標(1)〕
- 「学校全体で行う異年齢集団活動として，どんな活動がよいだろうか」を話し合う。〔目標(2)〕
- 「どんな活動がよいか」の話合いで「異年齢のグループでゴミゼロ運動をする」がクラスとして決定された。この意見を生徒総会に提案する。〔目標(2)(3)〕
- 各クラスで出された意見の中から，今年度に実施する異年齢集団活動として，どれがよいか全校の話合いで合意形成の下，「縦割り大掃除大作戦」「合同あいさつ運動」「縦割り地域清掃」に決定した。〔目標(2)〕
- 3年生がグループ長となり，活動をリードする。他学年とペアを組み，教え合いや協力して活動する。〔目標(3)〕
- 実践後，一連の活動を振り返る（自己評価，相互評価）。〔目標(3)〕

(2)　指導上の留意事項
- 学校の課題について理解させることで，なぜ話し合うのか理解できるようにする。
- 異年齢集団活動のよさについて話をする。
- 安易な多数決で話合いが進まないように助言する。

(3)　資料・教材
- 学級会のために事前の自分の考えを記入する「学級会ノート」
- 話合いの流れが可視化，視覚化，構造化するための「黒板掲示」
- 学級活動委員会の打ち合わせや話合い活動で，教師が過去に実践した取組を紹介する。

④　**カリキュラム・マネジメントの視点から**

(1)　各教科との関連

【国語】　A話すこと・聞くこと

進行の仕方を工夫したり互いの発言を生かしたりながら話し合い，

合意形成に向けて考えを広げたり深めたりすること（第３学年）。
(2) 特別活動の各活動・学校行事との内容相互の関連

　本実践を全クラスで行うことで，上級生は，リーダーシップ力，企画力，計画力をつけることができ，下級生は，フォロワーシップ力，協力性，そしてリーダーシップを発揮する上級生の姿から多くを学ぶことにもつながる。また，学級活動で話し合った結果を生徒総会で発表することにより，学級・学校生活をよりよくしようとする社会参画への意欲が高まり，学校文化創造への契機となる。

(3) 道徳科の内容との関連

　　B(9)〔相互理解，寛容〕　自分の意見を相手に伝えるとともに，それぞれの個性や立場を尊重し，いろいろなものの見方や考え方があることを理解し，寛容の心をもって謙虚に他に学び，自らを高めようとする態度を育てる。

　　C(11)〔公正，公平，社会正義〕　正義と公正さを重んじ，誰に対しても公平に接し，差別や偏見のない社会の実現に努める。

　　C(15)〔よりよい学校生活，集団生活の充実〕　学級の一員としての自覚をもち，役割を責任をもって果たすことにより，学級への所属感や自尊感情を高める。それがよりよい学校生活を創造しようとする態度を育てることにつながる。

(4) 家庭・地域との連携，生徒指導との関連

　地域清掃などのように学級から全校，地域へと発展することにより，地域の人たちは生徒の活動を直接見ることができ，学校が実現したい教育方針の理解につながる。

　「自分の意見を発表すること」や「相手の思いもよく聞く態度」等，異年齢集団活動を通して心の交流が生まれ，好ましい人間関係づくりの機会となる。

　異年齢集団活動が成立するためには，生徒相互の信頼が基盤となる。学年を越えて，互いのよさを認め，大切にしていくという，その在り

方生き方は,生徒指導の理念そのものである。

【参考文献】
○国立教育政策研究所教育課程研究センター「楽しく豊かな学級・学校生活をつくる特別活動(小学校編)」2014年6月

[(2) 日常の生活や学習への適応と自己の成長及び健康安全]

学級活動内容(2)の指導上の留意点

　学級活動(2)は，生徒に共通する課題を「題材」として取り上げ，話合いを通して，その原因や対処の方法などについて考え，自己の課題の解決方法などについて意思決定し，強い意志をもって悩みや葛藤を乗り越えながら粘り強く実行していく活動が中心となる。自他の尊重に基づく健全な生き方を探求できるよう工夫することが大切である。また，生徒が意思決定したことを将来にわたって生かすことができるように助言することが必要となる。その際，各教科，道徳科及び総合的な学習の時間などの指導との密接な関連を図り，学年や生徒の発達の段階に即して計画的・系統的に指導を行うことが欠かせない。

　指導に当たっては，生徒指導との関連を図り，自己探求や自己の改善・向上の視点から社会の中で自己を正しく生かす資質・能力を養うことと広く関わらせながら指導すること，また，指導の効果を高めるために，各教科担任や，養護教諭，栄養教諭，学校栄養職員，スクールカウンセラー等の専門性を生かした指導，家庭や地域との連携・協力を図ったり個に応じた指導を工夫したりすることが必要である。

ア　自他の個性の理解と尊重，よりよい人間関係の形成

　具体的な活動には，①望ましい人間関係の在り方，②豊かな人間関係づくりと自己の成長，③自己表現力やコミュニケーション能力などの題材を設定し，体験発表を取り入れた話合い，自己表現力やコミュニケーション能力を高める体験的な活動，学級成員相互の理解を深める活動などがある。また，時期に応じて，④自分の長所・短所，⑤友人への期待と励まし，⑥自他の個性を知りそれを生かす方法などの題材を設定し，自らを振り返ると同時にグループや学級全体で話し合う活動などを取り入れる。

　中学生の時期は，人からの評価を気にしたり，人と比較したりする

ことで自己評価を低下させるという傾向も強まってくる。自己の存在に価値を見いだせず,目標を見失いがちな生徒も少なくない。こうした時期に多様な他者の価値観を認め,寛容であることは重要な意味をもっている。

イ 男女相互の理解と協力

具体的には,①男女相互の理解と協力,②人間尊重と男女の平等,③男女共同参画社会と自分の生き方などの題材を設定する。アンケートやインタビューを基にしたり,新聞やテレビ等の資料を参考にしたりして,話し合うなどの活動が考えられる。また,社会科,保健体育科,技術・家庭科,道徳科等の学習とも関連させ,家庭や社会における男女相互の望ましい人間関係の在り方についても幅広く考えさせることが大切である。

内容項目ウの「性的な発達への対応」とも関連付けて,生徒の発達の段階や実態,心身の発育・発達における個人差などにも留意して適時,適切な指導を行うことが必要である。特に,学校全体での共通理解や,保護者の理解を得ること,事前に集団指導として行う内容と個別指導との内容を区別しておくことなど,計画性をもって実施することが必要である。

ウ 思春期の不安や悩みの解決,性的な発達への対応

具体的な活動として,①自分が不安に感じること,②悩みやその解決法,③身近な大人に思春期についてインタビューするなどが考えられる。また,④思春期の心と体の発育・発達,⑤性情報への対応や性の逸脱行動に関すること,⑥エイズや性感染症などの予防に関すること,⑦友情と恋愛と結婚などについての資料を基にした話合いや,専門家の講話を聴くといった活動が考えられる。

特に,性に関する指導については,学校全体の共通理解や教育の内容や方法について保護者の理解を得ることが重要である。また,養護教諭やスクールカウンセラー等の専門的な助言や協力を得ながら指導

することも大切である。

エ　心身ともに健康で安全な生活態度や習慣の形成

　具体的な活動としては，①心の健康や体力の向上に関すること，②口腔の衛生，③生活習慣病とその予防，④食事・運動・休養の効用と余暇の活用，⑤喫煙，⑥飲酒，⑦薬物乱用などの害に関すること，⑧ストレスへの対処と自己管理などに関する題材を設定し，話合いや討論，ロールプレイングなどの活動が考えられる。

　また⑨防犯を含めた生活安全や自転車運転時の交通安全，⑩種々の災害時の安全，⑪生命の尊重，⑫環境整備，⑬インターネットの利用に伴う危険性や弊害などに関する題材を設定し，事故の発生状況や危険個所の調査結果を基にした話合い，「ひやり，はっとした」体験の発表，安全マップづくり，実技を通した学習，ロールプレイングなどの活動が考えられる。

　心身の健康と安全に関する指導は，①学校教育全体を通じて行われる保健や安全に関する指導等との関連を図る。②教職員の共通理解，保護者や地域の理解と協力，③内容によって養護教諭や関係団体などの協力を得ながら指導することも大切である。「自助」や「共助」「公助」の視点を踏まえ，安全な地域・社会づくりに参加し貢献するために主体的に関わっていこうとする力を育み，社会参画する態度を養うことが重要である。

オ　食育の観点を踏まえた学校給食と望ましい食習慣の形成

　具体的な活動としては，①自分の食生活の見直しと改善，②望ましい食習慣への課題，③生涯を通じた望ましい食習慣の形成などの題材を設定し，発表し合う活動などが考えられる。また，④「食」は心身の成長及び人格の形成に大きな影響を及ぼすこと，⑤生涯にわたって健全な心と体を培い豊かな人間性を育んでいく基礎となることなどの題材を設定し，主体的に食習慣の改善に取り組むよう指導することが重要である。

第3節　学級活動 [(2)　日常の生活や学習への適応と自己の成長及び健康安全]

また，養護教諭，栄養教諭，学校栄養職員等との連携に配慮する。

(1) 事例1　望ましい人間関係の在り方～居心地のよい学級～
((2)ア　自他の個性の理解と尊重，よりよい人間関係の形成)

① **題材と主なねらい**

「望ましい人間関係の在り方～居心地のよい学級～」（2学年）

居心地のよい学級をつくるためには，学級の成員一人一人が望ましい人間関係を築くことが必要であり，そのために学級としてのルールを決めたり，個人としての行動を見直させたりする。

② **育てたい力**

目標(1)	目標(2)	目標(3)
集団活動の意義や活動上の必要事項の理解と行動の仕方（知識及び技能）	生活や人間関係の課題の発見と解決のための話合い，合意形成，意思決定（思考力，判断力，表現力等）	人間関係等のよりよい形成，生き方の深化と自己実現を図ろうとする態度（学びに向かう力，人間性等）
望ましい人間関係を築くことにより，居心地のよい学級が実現できることを理解できるようにする。	「居心地のよい学級」について考えることが人間関係に深くかかわることに気付き，考えを深めて意見交換できるようにする。	望ましい人間関係を築くために，日々のあいさつ，ことば遣い，学級での役割を進んで果たそうとする意欲を育てる。

③ **どのように学ぶか（展開の過程）**

(1) 事前の指導と生徒の活動

日時	活動の場	活動の主体	活動の内容	指導上の留意点
○月○日	帰りの会	学級全体	1日の反省の中から学級目標の実現に向け，よりよい学級生活を目指す大切な要因をいくつか出し合う。	・個人的な仲間への批判や中傷とならないように学級目標に照らして，居心地のよい学級，望ましい人間関係に着目して取り上げる。
○月○日	放課後	学級活動委員会	事前アンケートの作成	・帰りの会での話の内容を生かし，日常の学級生活での気がかりな点に着目させ，課題意識を高めるようにする。

				○学級活動委員会が事前・本時・事後を通して，集団と個人の課題を明確にして話合いを進められる。（主体的・対話的で深い学び） ◇学級活動委員会の構成員をおよそ半数ずつ替えていき，引き継ぎを通して責任感や達成感を味わわせる。（**見方・考え方**）
○月○日	朝の会	学級全体	アンケートの実施	・学級活動委員会がアンケート作成のねらいを説明し，落ち着いた雰囲気のなかで回答させる。
	放課後		アンケートの集計	・教師の指導の下に集計
○月○日	帰りの会	学級全体	学級活動委員会の担当が当日の学級活動の流れを説明する。	・あらかじめ「居心地のよい学級とは何か」考えておくように指示する。 ・学級活動カードを活用し自分の考えをあらかじめ書かせておく。

【居心地のよい学級づくりアンケート項目】

　・あなたは，『このクラスっていいなあ……』と感じていますか。それはどんなときですか。

　・毎日，あなたから進んでクラスの人とあいさつをしていますか。

　・あなたから進んでクラスの人と会話をしますか。（以下略）

(2) 本時の活動テーマ

　よりよい人間関係をつくって，居心地のよい学級をつくろう

(3) 本時のねらい

　・望ましい人間関係をつくり，居心地のよいクラスを築くために，学級の成員一人一人が取り組んでいかなければならないことを考え，学級としての実践事項及び個人の実践事項を決定する。

第3節　学級活動〔(2)　日常の生活や学習への適応と自己の成長及び健康安全〕

(4) 本時の展開

	活動の内容	指導上の留意点	評価の観点
活動の開始	1　学級活動委員会によるはじめの言葉 　　司会進行役の紹介，アンケート集計結果の発表 (1)教師の話	・学級活動委員会の代表がアンケート調査による「学級の居心地度」を発表することで解決すべき課題への関心を高める。 ・本活動テーマで話し合う理由を代表生徒が発表するとともに，担任も学級目標に照らして，本活動の意義や価値，提案について補足説明し，活動意欲を高める。 　「学級目標の実現に向け，一人一人が居心地のよい学級を目指し，望ましい人間関係つくりが必要である」ことを確認する。	・本時の活動への参加意欲が高まっている。
	2　代表生徒から話合いのルールを確認する。	・よりよい学級を目指して話合いが深まるよう助言する。	
	○学級活動委員会が事前・本時・事後を通して，集団と個人の課題を明確にして話合いを進められる。(**主体的・対話的で深い学び**)		
活動の展開	3　居心地のよい学級づくりに望ましい人間関係が大切である理由について発表する。	・日常の学級生活を見つめ，問題点をおさえながら，事前に考えておいた「居心地のよい学級」が，人間関係に深く関わっていることに気付き，考えを一層深めて意見交換ができるようにする。	・日常の学級生活のよい点，改善点を明らかにできる。
	○本時において可能な限り，生徒が自主的な司会進行を行い，話合いを通じてよりよい人間関係を考える(**主体的・対話的で深い学び**)		
	(2)教師の話	・3で発表された意見を好意的に受け止め，聞き返したりしながら振り返ることでそれぞれの価値観を共有することの大切さを伝える。 ・オープンクエスチョンによる聞き取り方を助言し，意見交流が活発になるよう助言する。	
	4　よりよい人間関係はどのように築かれていくか話し合う。その内容を発表する。 ・互いを認め合う関係	・自他の望ましい態度によって表れる心情が相互に働くことでよりよい人間関係が深まることを理解する。 ・一日の学級及び学校生活の流れにしたがって考える。 ・現実の学級での生活を見つめさ	

	・居心地のよい環境 ・称賛 (3)教師の話	せ，そこでの矛盾，不安等といった生活感情を生かしながら問題の解決に当たる生活意欲の育成を重視する。 ・事前活動で考えた意見や3と4の意見を参考にしながらどんなことに気を付けるとよいかを考えさせ，意見を発表させる。 ・自分の目標だけでなく，他の人がこんな目標をもったらいいという意見も出してみるよう促す。実践への意欲を高める。 ・話合いでは，互いの表情，態度，会話などが大切であり，より関わり合うことで互いのよさに気付ける，ということが分かるような助言を行う。	
	5　望ましい人間関係を築くために，日々取り組んでいかなければならないことについて話合いと発表 ・あいさつ→安心 ・言葉遣い→思いやり ・協働・感謝→自己の役割と責任 　⇨居心地のよい学級	◇言葉のもつよさや怖さを自覚させ，誰もが居心地のよい生活環境を整えるようにする。(**見方・考え方**) ・学級目標に立ち返った取組が考えられるようにする。 ・司会の進行で質疑応答ができるようにする。	
活動のまとめ	6　生徒一人一人が，自分として取り組む努力事項を決定する。 7　話し合ったことを確認する。	・体裁のよい文言づくりに終始しないようにする。 ・実践した内容を見届ける方法について考えられるように示唆する。 ・各教科の授業や当番活動，部活動などで，仲間のことを考えた言動になることもおさえておく。 ・記録をとり自己決定の内容を確認する。	・居心地のよい学級づくりのために，生徒一人一人が取り組むべきことを決定することができる。 ・取組目標が，努力すれば実現可能なものになっている。
		□各教科の授業や日常生活の諸活動においてまで思考を広げ，理想の自分を描いていく。(**内容相互及び教科等の指導との関連**)	

第3節　学級活動〔(2)　日常の生活や学習への適応と自己の成長及び健康安全〕

(4)教師の話		・担任の思いや願いを伝えるとともに，どのように実践の見届けを行っていくかを明らかにする。 ・学級活動委員会の活動や司会等の役割を務めたことを称賛するとともに，実践に向けての意欲を高める。	
8　学級活動委員会によるおわりの言葉			

(5)　事後の指導と生徒の活動

日時	活動の場	活動の内容	指導上の留意点	評価の観点
○月○日	帰りの会等	・望ましい人間関係をつくるための「○○学級三つの約束」を決定する。	・学級への連帯感や所属感を深めるようにする。	評価の方法 ・学級日誌や生活ノート等で，学級内の人間関係の状況を把握する。
○月○日 〜○日 (学期) (毎日)	朝の会 学級・学校生活 日常の生活(家庭) 帰りの会	・話合い活動における自分の取組み目標に基づいて活動する。 ・振り返り活動	・自分の取組み目標について確認させ，今日の目標を実践する場面をイメージさせる。 ・取組内容を確認し，家庭でも励行できる取組を行わせる。 ・振り返りシートに目標の達成度と活動の振り返りを記入させる。	・振り返りカードに自分の実践に対する振り返りを記入している。 ・学んだことを家庭・社会で生かそうとしている。 ・振り返りを通して，目標に対する自分の変容や課題について記述している。
	◇決定したことが実践につながっているか，帰りの会や生徒の記録などから日々把握する。(**見方・考え方**) ○家庭や地域といった学級以外の集団のなかで自己決定した事柄を実践する。(**主体的・対話的で深い学び**)			

(6)　話合いのルールづくり

・生徒の実態や学級（学年）の状況に応じて設定する。

・小学校の話合い活動（ルール）のよさを引き継ぐ。

④ カリキュラム・マネジメントの視点から

(1) 各教科との関連

【国語】 各学年のA話すこと・聞くこと

自分の考えや根拠が明確になるように話の構成を考えること。話題や展開を捉えながら話し合い,互いの発言を結び付けて考えをまとめること。(第1学年)

論理の展開などに注意して聞き,話し手の考えと比較しながら自分の考えをまとめること。互いの立場や考えを尊重しながら話し合い,結論を導くために考えをまとめること。(第2学年)

自分の考えが分かりやすく伝わるように表現を工夫すること。進行の仕方を工夫したり,互いの発表を生かしたりしながら話し合い,合意形成に向けて考えを広げたり深めたりすること。(第3学年)

(2) 特別活動の各活動・学校行事との内容相互の関連

実態に応じ,学級単独ではなく,学年・学校として生徒会役員の活動と関連させ,アンケート調査を実施したり,集計させたりすることが考えられる。また,特別活動の全体計画や年間指導計画で全校での取組が予定されていれば,教員間で調整して関連付ける。

(3) 道徳科の内容との関連

- B(6)〔思いやり,感謝〕 相手の立場や気持ちに対する配慮,そして,感謝の対象の広がりについても理解を深めていくことが大切である。思いやりや感謝の気持ちを言葉にして素直に伝えようとする心が,結果として自己と他者との心の絆をより強くするのだということに気付かせたい。
- B(9)〔相互理解,寛容〕 学年が上がるにつれて,ものの見方や考え方が確立するとともに自分の考えや意見に固執する傾向も見えてくるが,自分の考えや意見を伝えること,そして,互いの個性や立場を尊重し,広い視野に立っていろいろなものの見方や考え方があることを理解しようとする態度を育てることが大切であ

C⒂〔よりよい学校生活，集団生活の充実〕　利己心や狭い仲間意識を克服し，協力し合って，集団生活の向上に努める態度を育てることが重要である。
⑷　家庭・地域との連携，生徒指導との関連
　授業終了時の「振り返り」の記述内容を学級だよりで取り上げ，授業のねらいや状況を家庭にも伝える。また，家庭からの意見を求め，保護者の見方・考え方に触れる機会をもつことも考えられる。
　生徒の言葉遣いや他者に対する言動については，学校の教育活動全体を通じて，よい言葉を褒め，不適切な言動を注意するなど，好ましい人間関係を築く態度が称賛される雰囲気が学級に広がるよう適時適切に教師が指導する。

【参考文献】
○国立教育政策研究所教育課程研究センター「学級・学校文化を創る特別活動（中学校編）」2014年6月

⑵　事例2　自己表現とコミュニケーション能力～いじめのない学級を目指して～

（⑵ア　自他の個性の理解と尊重，よりよい人間関係の形成）

①　題材と主なねらい

「自己表現とコミュニケーション能力～いじめのない学級を目指して～」（1学年）
　いじめのない学級をつくるためには，学級の成員一人一人が望ましい自己表現の仕方やコミュニケーション力を身に付けることが必要であり，そのために学級としてのルールを決めたり，個人としての行動を見直させたりする。

② **育てたい力**

目標(1)	目標(2)	目標(3)
集団活動の意義や活動上の必要事項の理解と行動の仕方（知識及び技能）	生活や人間関係の課題の発見と解決のための話合い，合意形成，意思決定（思考力，判断力，表現力等）	人間関係等のよりよい形成，生き方の深化と自己実現を図ろうとする態度（学びに向かう力，人間性等）
いじめのない学級生活を実現するために他者への思いやりや情報への正しい関わり方，問題の対処等情報モラルについて理解し，望ましい行動ができる。	学級目標に照らして，学級の実情，自己の考え方や行動を振り返り，他者の意見を理解するとともに，自己の実現すべき事項を決めることができる。	自分自身の日々の友人とのコミュニケーションの取り方や表現の仕方などに注意を払い，学級での望ましい人間関係を形成しようとする態度を育む。

③ **どのように学ぶか**

(1) 展開（主体的・対話的で深い学び）
- 学級活動委員会で作成したアンケートを集計し，メールやSNSの利用について代表生徒が発表し，課題意識を高める。［目標(2)］
- いじめのない学級をつくるためには，自己表現の方法や内容が重要であり，情報端末を利用した他者とのコミュニケーションが望ましい人間関係の在り方に大きく関係することに気付き，自らの意見を発表する。［目標(1)］
- SNS等が望ましい人間関係を築いていく上で課題となる状況や原因を把握し，必要な目標と取組を話し合い，発表する。［目標(1)(2)］
- 他者の意見を参考に，自らの考えを深め，各自が自己表現やコミュニケーション力を向上させ，学級内のいじめをなくしていくための実践事項を書き出したり，発表したりする。［目標(2)］
- いじめを防ぐための取組目標や解決方法，取組内容を自己決定し，実践する。［目標(3)］
- 帰りの会等で実践状況を振り返りシートに記入する。［目標(3)］

(2) 指導上の留意点
- 事前アンケート実施においては，質問や回答が他者への批判や中傷とならないよう，指導助言する。

・弁護士会に依頼し，いじめ防止の授業を年間指導計画に位置付けるなど，いじめの実態や怖さを学ぶ機会を設定することも考えられる。
(3) 資料・教材
・事前アンケート 「SNSに関する調査」
・いじめ防止DVD等の映像教材

④ **カリキュラム・マネジメントの視点から**
(1) 各教科との関連
【社会】〔公民的分野〕 C私たちと政治(1)のア(ア)及び(ウ)
人間の尊重についての考え方を，民主社会において全ての人間に保障されるべき価値を内容としてもつ基本的人権を中心に深めることができるようにする。

【技術・家庭】〔技術分野〕 D情報の技術 ア
情報通信ネットワーク上のルールやマナーの遵守，危険の回避，人権侵害の防止など，情報に関する技術を利用場面に応じて適正に活用する能力と態度を身に付ける。

(2) 特別活動の各活動・学校行事との内容相互の関連
いじめ防止月間や各校の取組の実態に応じ，学級単独ではなく，学年・学校として生徒会の活動と関連させ実施することも考えられる。アンケート調査等の実施をはじめ，人権標語の作成や学校行事としていじめ防止弁論大会や人権作文コンクール等，特別活動の全体計画や年間指導計画で全校での取組が予定されていれば，教員間で調整して関連付ける。

(3) 道徳科の内容との関連
B(6)〔思いやり，感謝〕，B(7)〔礼儀〕，C(10)〔遵法精神，公徳心〕

(4) 家庭・地域との連携，生徒指導との関連
授業終了時の「振り返り」の記述内容を学級便りで取り上げ，授業のねらいや状況を家庭にも伝える。

いじめ防止に関しては，家庭と協力しながら，いじめは絶対に許されない行為であるといった毅然とした取組姿勢が求められる。

【参考文献】
○国立教育政策研究所教育課程研究センター「学級・学校文化を創る特別活動（中学校編）」2016年3月

(3) 事例3　男女が協力できる学級
（(2)イ　男女相互の理解と協力）

① **題材と主なねらい**

「男女が協力できる学級」（2学年）

男女の特性やそれぞれの個性について考えさせ，話合いを通して互いに尊重し協力する実践的態度を身に付ける。

② **育てたい力**

目標(1)	目標(2)	目標(3)
集団活動の意義や活動上の必要事項の理解と行動の仕方（知識及び技能）	生活や人間関係の課題の発見と解決のための話合い，合意形成，意思決定（思考力，判断力，表現力等）	人間関係等のよりよい形成，生き方の深化と自己実現を図ろうとする態度（学びに向かう力，人間性等）
話合い活動を通して立てた目標を実践することで男女相互の望ましい人間関係の在り方などについて考え，実践している。	人間として男女が互いに協力し合い，尊重し合うことや，男女相互の望ましい人間関係の在り方などについて考え，実践している。	男女相互理解を深めることの大切さに目を向けようとし，人間として互いに協力し尊重し合おうとしている。

③ **どのように学ぶか**

(1) 展開（主体的・対話的で深い学び）

・アンケート集計「男女の協力について」の結果を学級活動委員会の代表が発表し，課題意識を高める。［目標(2)］

・男女が協力することの大切さについて，自らの意見を発表する。［目標(1)］

・男女が協力する上で必要な目標と取組を話し合い，発表する。［目

第3節　学級活動〔(2)　日常の生活や学習への適応と自己の成長及び健康安全〕

標(1)(2)〕
- 他の意見を参考に，各自が学級内での男女の協力ができるように実践事項を書き出したり，発表したりする。〔目標(2)〕
- 事後の活動として実践状況を帰りの会で振り返る。〔目標(3)〕

(2) 指導上の留意事項
- 事前アンケート実施において，記載内容の吟味と実施の際の説明を十分に行う。

(3) 資料・教材
- 事前アンケート「学級の男女の協力について調査します」

〈項目〉　この学級は，どのような点で男女が協力できていると思いますか。合唱祭ではどのように男女が協力できていたと思いますか　など

- 男女機会均等法・男女平等・人権侵害に関するもの。
- ○○新聞の記事「セクハラ行為……」に関するもの。

④ **カリキュラム・マネジメントの視点から**

(1)　各教科との関連

【保健体育】〔保健分野〕　(2)心身の機能の発達と心の健康

　思春期には，内分泌の働きによって生殖に関わる機能が成熟すること。また，成熟に伴う変化に対応した適切な行動が必要となること。

【技術・家庭科】〔家庭分野〕　A家族・家庭生活(1)自分の成長と家族・家庭生活

(2)　特別活動の各活動・学校行事との内容相互の関連

　実態に応じて学級・学年単位でなく，学校として生徒会役員や生徒評議会の委員にアンケート調査や集計をさせることが考えられる。

(3)　道徳科の内容との関連

　B(8)〔友情，信頼〕　異性についての理解を深め，悩みや葛藤も経験しながら人間関係を深めていくこと。

　B(9)〔相互理解，寛容〕

(4) 家庭・地域との連携，生徒指導との関連

　学校公開時に授業を公開する。アンケートの集計結果と取組状況を学級便りで取り上げ家庭や地域に伝える。

　生徒の諸活動の中で男女の協力は褒め，問題のある言動を注意するなど教師が共通認識の上指導に当たっていく。

(4)　事例4　思春期の不安や悩み

((2)ウ　思春期の不安や悩みの解決，性的な発達への対応)

①　題材と主なねらい

「思春期の不安や悩み」（2学年）

　中学生の時期は心身の急激な発達により，友人関係・学習・進路・異性・体格などについて様々な不安や悩みをもつ時期である。自己及び他人の不安や悩みを共通理解し，解決法を学級で考えることにより望ましい人間関係につなげていきたい。

②　育てたい力

目標(1)	目標(2)	目標(3)
集団活動の意義や活動上の必要事項の理解と行動の仕方（知識及び技能）	生活や人間関係の課題の発見と解決のための話合い，合意形成，意思決定（思考力，判断力，表現力等）	人間関係等のよりよい形成，生き方の深化と自己実現を図ろうとする態度（学びに向かう力，人間性等）
心身の発達や進路選択などに伴う様々な不安や悩みの解決に向けた話合いの仕方を理解する。	不安や悩みについて考えて話し合い，解決につながる意見を整理できる。	不安や悩みに向き合う経験や学びを人間としての成長につなげようとする。

③　どのように学ぶか

(1) 展開（主体的・対話的で深い学び）

・事前アンケートの結果を学級活動委員会の代表が発表し，課題意識を高める。［目標(2)］

・不安や悩みを解決していく上で，解決のための話合いを各グループで話し合い，発表する。［目標(1)(2)］

・各グループの意見を参考に，各自が不安や悩みの実践解決策の事

項を書き出したり，発表したりする。[目標(2)]
(2) 指導上の留意事項
・事前アンケート実施において，不安や悩みの記載内容の記入者が特定されないよう配慮する。
(3) 資料・教材
・事前アンケート「悩みや不安の解決策をみんなで考えよう」

④ **カリキュラム・マネジメントの視点から**
(1) 各教科との関連

【保健体育】「心身の機能の発達と心の健康」思春期には，内分泌の働きによって生殖に関わる機能が成熟すること。また，成熟に伴う変化に対応した適切な行動が必要となること。

養護教諭やスクールカウンセラーと連携を図り，各校の実態に即した対処法を進めることも効果的である。

(2) 特別活動の各活動・学校行事との内容相互の関連
・〔学級活動〕(1)学級や学校における生活づくりへの参画ア学級や学校における生活上の諸問題の解決と関連付ける。

(3) 道徳科の内容との関連
A(4)〔希望と勇気，克己と強い意志〕，D⑵〔よりよく生きる喜び〕

(4) 家庭・地域との連携，生徒指導との関連

生徒の悩みや不安，各グループで話し合った解決策などを家庭にも伝える。

「悩みや不安」を自分で解決できない場合の相談方法などを教師が生徒に助言することが大切である。

⑸ **事例5　異性との関わりについて考える**
　　　　　((2)ウ　思春期の不安や悩みの解決，性的な発達への対応)
① **題材と主なねらい**
「異性との関わりについて考える」（2学年）

思春期は，身体の機能の成熟とともに，性衝動が生じたり異性への関心が高まったりする時期であることを踏まえ，日常生活における異性の尊重や異性と関わる際の適切な行動について考えさせる。また，生徒の実態に応じて「自画撮り被害」の防止についても指導する。

② **育てたい力**

目標(1)	目標(2)	目標(3)
集団活動の意義や活動上の必要事項の理解と，行動の仕方（知識及び技能）	生活や人間関係の課題の発見と，解決のための話合い，合意形成，意思決定（思考力，判断力，表現力等）	人間関係等のよりよい形成，生き方の深化と自己実現を図ろうとする態度（学びに向かう力，人間性等）
異性の尊重や異性に対する適切な行動について理解する。	異性との望ましい関わり方について意見交換し，意見を整理できる。	異性を尊重し，男女相互の望ましい人間関係を築こうとする。

③ **どのように学ぶか**

(1) 展開（主体的・対話的で深い学び）

・学校生活や日常生活での，異性との望ましい関わり方，望ましくない関わり方について，自分の意見を整理する。［目標(1)］

・グループで異性との関わり方について意見交換し，意見を整理して学級で発表する。［目標(2)］

・生徒の実態に応じて，「自画撮り被害」の防止や相談先について教師が説明する。［目標(1)］

・授業での気付きや感想を一人一人が記述する。［目標(2)(3)］

(2) 指導上の留意事項

・思春期の心と体の発達や異性に関する意識については，個人差が大きいので，集団指導と個別指導の内容を整理して指導する。

・性に関する話題に強い羞恥心を抱く生徒や性犯罪の被害に遭った生徒がいる可能性を十分に考慮する。

・生徒が「自画撮り」の「加害者」にもならないよう指導する。

(3) 資料・教材

・「自画撮り被害」防止広報・啓発リーフレット（警察庁）

④ カリキュラム・マネジメントの視点から

(1) 各教科との関連

【保健体育】〔保健分野〕 内容(2)ア(イ)

思春期には，内分泌の働きによって生殖に関わる機能が成熟すること。また，成熟に伴う変化に対応した適切な行動が必要となること。(第1学年で取り扱う)

【技術・家庭】〔技術分野〕 内容D情報の技術　個人情報の保護

(2) 特別活動の各活動・学校行事との内容相互の関連

学級活動(1)ア　学級や学校における生活上の諸問題の解決

学校行事(2)健康安全・体育的行事の「犯罪防止教室」

などとの関連付けが考えられる。

(3) 道徳科の内容との関連

B(8)〔友情，信頼〕　異性についての理解を深め，悩みや葛藤も経験しながら人間関係を深めていくこと。

A(2)〔節度，節制〕，B(7)〔礼儀〕，C(10)〔遵法精神，公徳心〕

(4) 家庭・地域との連携，生徒指導との関連

保護者集会や学級便りなどを活用し，指導内容や指導方法について保護者の理解を得る工夫をする。

養護教諭やスクールカウンセラー，警察署の生活安全課などとの連携が考えられる。

【参考文献】
- 警察庁「『自画撮り被害』防止広報・啓発リーフレット」平成29年6月
  https://www.npa.go.jp/safetylife/syonen/no_cp/newsrelease/selfy.pdf
- 警察庁「STOP！自画撮り！」
  https://www.npa.go.jp/safetylife/syonen/no_cp/newsrelease/2017_selfy_2.pdf

(6) 事例6　喫煙，飲酒，薬物乱用の防止

((2)エ　心身ともに健康で安全な生活態度や習慣の形成)

① 題材と主なねらい

「喫煙，飲酒，薬物乱用の防止」（3学年）

　薬物乱用や未成年の喫煙，飲酒の害に関する知識を確認するとともに，使用を誘われた場合の断り方を身に付け，心身の健康を保持する態度を養う。

② 育てたい力

目標(1)	目標(2)	目標(3)
集団活動の意義や活動上の必要事項の理解と，行動の仕方（知識及び技能）	生活や人間関係の課題の発見と，解決のための話合い，合意形成，意思決定（思考力，判断力，表現力等）	人間関係等のよりよい形成，生き方の深化と自己実現を図ろうとする態度（学びに向かう力，人間性等）
喫煙，飲酒，薬物乱用が健康に及ぼす影響や，使用を誘われたときの断り方を理解する。	喫煙，飲酒，薬物乱用が健康に及ぼす影響について話し合い，意見を整理できる。使用を誘われたときに，断ることができる。	喫煙，飲酒，薬物乱用を避け，生涯にわたって心身の健康を維持しようとする。

③ どのように学ぶか

(1) 展開（主体的・対話的で深い学び）

　・喫煙，飲酒，薬物乱用の有害性について，グループ内で意見交換し，意見を整理して発表する。［目標(1)(2)］

　・教師が，喫煙，飲酒，薬物乱用が健康に及ぼす影響などについて，資料を配布して説明する。［目標(1)］

　・ロールプレイングで，友人や親戚から喫煙や飲酒を誘われた場合の断り方を練習する。［目標(1)(2)(3)］

　・授業の感想や気付きをグループ内で発表し合う。［目標(2)］

(2) 指導上の留意事項

　・ロールプレイングでは場面設定を明確に示し，場面設定ごとに断り方の例を教師が実演する。

　・学級や地域の実態に応じて，指導内容を調整する。

(3) 資料・教材
・文部科学省「かけがえのない自分，かけがえのない健康（中学生用）」第3章　喫煙，飲酒と健康，第4章　薬物乱用と健康

④ **カリキュラム・マネジメントの視点から**
(1)　各教科との関連
【保健体育】〔保健分野〕　内容(1)ア(エ)
　喫煙，飲酒，薬物乱用などの行為は，心身に様々な影響を与え，健康を損なう原因となること。また，これらの行為には，個人の心理状態や人間関係，社会環境が影響することから，それぞれの要因に適切に対処する必要があること。（第2学年で取り扱う）
(2)　特別活動の各活動・学校行事との内容相互の関連
　健康安全・体育的行事の薬物乱用防止教室や非行防止教室などと関連付ける。
(3)　道徳科の内容との関連
　A(2)〔節度，節制〕　望ましい生活習慣を身に付け，心身の健康の増進を図り，節度を守り節制に心掛け，安全で調和のある生活をすること。
　C(10)〔遵法精神，公徳心〕
(4)　家庭・地域との連携，生徒指導との関連
　飲酒，喫煙の防止については，家庭や地域の理解と協力を求めることが大切である。
　個別指導については，生徒の心理状態や人間関係，社会環境などを多面的に把握し，スクールカウンセラーや警察署の生活安全課などと連携することが考えられる。
　指導資料の作成は，保健体育科教員や養護教諭と連携する。

【参考文献】
○文部科学省「かけがえのない自分，かけがえのない健康（中学生用）」
　http://www.mext.go.jp/a_menu/kenko/hoken/08111804.htm

(7) 事例7　自転車安全運転五則を作ろう
((2)エ　心身ともに健康で安全な生活態度や習慣の形成)

① 題材と主なねらい

「自転車安全運転五則を作ろう」（1学年）

　自転車運転の危険な場面を振り返り，安全運転のためのルール作りを通じて，自己の安全を確保するとともに，他の人の安全をも確保する態度を育む。

② 育てたい力

目標(1)	目標(2)	目標(3)
集団活動の意義や活動上の必要事項の理解と，行動の仕方（知識及び技能）	生活や人間関係の課題の発見と，解決のための話し合い，合意形成，意思決定（思考力，判断力，表現力等）	人間関係等のよりよい形成，生き方の深化と自己実現を図ろうとする態度（学びに向かう力，人間性等）
自転車運転の危険要因と交通ルールやマナーについて理解する。	自転車運転の危険な場面について意見交換し，守るべき安全運転のルールについて考え，意見を整理できる。	自転車運転の交通ルールやマナーを守り，自他の安全を確保しようとする。

③ どのように学ぶか

(1) 展開（主体的・対話的で深い学び）
・政府広報オンラインなどを参考にして，学級活動委員が準備したクイズを通じて，自転車利用の交通ルールとマナーについて確認する。［目標(1)］
・自転車に関して「危ない！」と感じた経験をグループで話し合い，発表する。［目標(1)(2)］
・「自転車安全運転五則」についてグループで話し合い，学級で「自転車安全運転五則」を決める。［目標(2)(3)］

(2) 指導上の留意事項
・自転車事故の加害責任についても事例を示して理解させる。
・自転車利用時のヘルメット着用の安全効果について，警察庁HPの映像資料などを活用して理解させる。

(3) 資料・教材
　・警察庁「自転車はルールを守って安全運転」の映像や指導資料

④ **カリキュラム・マネジメントの視点から**

(1) 各教科との関連

【保健体育】〔保健分野〕　内容(3)ア

(ア) 交通事故や自然災害などによる傷害は，人的要因や環境要因などが関わって発生すること。

(イ) 交通事故などによる傷害の多くは，安全な行動，環境の改善によって防止できること。（第3学年で取り扱う）

(2) 特別活動の各活動・学校行事との内容相互の関連

　健康安全・体育的行事の交通安全教室や生徒会活動の交通安全に関する活動と関連付ける。

(3) 道徳科の内容との関連

C(10)〔遵法精神，公徳心〕　法や決まりの意義を理解し，それらを進んで守るとともに，そのよりよい在り方について考え，自他の権利を大切にし，義務を果たして，規律ある安定した社会の実現に努めること。

A(2)〔節度，節制〕　望ましい生活習慣を身に付け，心身の健康の増進を図り，節度を守り節制に心掛け，安全で調和のある生活をすること。

(4) 家庭・地域との連携，生徒指導との関連

　警察署の交通課と連携して交通安全教室を開催する。

【参考文献】
○政府広報オンライン「知ってる？守ってる？自転車利用の交通ルールとマナー」
　https://www.gov-online.go.jp/featured/201105/#anc03
○警察庁「自転車はルールを守って安全運転～自転車は車のなかま～」
　http://www.npa.go.jp/koutsuu/kikaku/bicycle/index.htm
　・自転車用ヘルメット着用促進のための交通安全教育用映像
　・自転車安全教育用図説パンフレット＆パソコンソフト　など

⑻ 事例8　生涯にわたって望ましい食習慣を形成する
　　　　（⑵オ　食育の観点を踏まえた学校給食と望ましい食習慣の形成）

① 題材と主なねらい

「生涯にわたって望ましい食習慣を形成する」（3学年）

「食育」と書いて，人が良く育つとも読む。学校給食や家庭での食生活の在り方を振り返り，話合いを通じて，一人一人が生涯にわたる望ましい食習慣を身に付けようとする。

② 育てたい力

目標⑴	目標⑵	目標⑶
集団活動の意義や活動上の必要事項の理解と，行動の仕方（知識及び技能）	生活や人間関係の課題の発見と，解決のための話合い，合意形成，意思決定（思考力，判断力，表現力等）	人間関係等のよりよい形成，生き方の深化と自己実現を図ろうとする態度（学びに向かう力，人間性等）
食習慣の重要性や給食時間のルールやマナーを理解する。	給食時間の過ごし方やグループでの活動について意見交換し，合意形成を図る。望ましい食生活について意見を整理できる。	明るく楽しい給食時間を過ごそうとし，また，自己の食生活を振り返り，生涯にわたって食生活を改善しようとする。

③ どのように学ぶか

⑴ 展開（主体的・対話的で深い学び）

　・給食時間のルールやマナー，役割分担を果たすことの大切さについて，意見を発表する。［目標⑴］
　・望ましい食習慣を形成するために，具体的な目標と取組を話し合い，発表する。［目標⑵⑶］
　・グループでの意見を参考に一人一人が自分の食生活を振り返り，課題や改善案をグループで整理して発表する。［目標⑵］

⑵ 指導上の留意事項

　・食生活における家庭環境の違いや生徒の個人差を十分に踏まえ，話し合わせる内容を考慮する。
　・本時の活動が生涯にわたる食生活の改善と生徒自らの健康の維

持・向上につながるよう，適切な資料の準備に努める。
(3) 資料・教材
・学校給食の献立表，栄養バランス表など

④ カリキュラム・マネジメントの視点から

(1) 各教科との関連

【保健体育】〔保健分野〕 内容(1)

健康な生活と疾病の予防について理解を深めることができるようにする。（第3学年で取り扱う）

(イ)(ウ) 健康の保持増進には，年齢，生活環境等に応じた運動，食事，休養及び睡眠の調和のとれた生活を続ける必要があること。また，食事の量や質の偏り，運動不足，休養や睡眠の不足などの生活習慣の乱れは，生活習慣病などの要因となること。

【技術・家庭】〔家庭分野〕 内容B衣食住の生活

(1) 食事の役割と中学生の栄養の特徴

ア 次のような知識を身に付けること。

(ア) 生活の中で食事が果たす役割について理解すること。

(イ) 中学生に必要な栄養の特徴が分かり，健康によい食習慣について理解すること。

イ 健康によい食習慣について考え，工夫すること。

(2) 特別活動の各活動・学校行事との内容相互の関連

給食時間の充実については，生徒会活動の給食委員会や放送委員会などとの連携が考えられる。

(3) 道徳科の内容との関連

A(2)〔節度，節制〕 望ましい生活習慣を身に付け，心身の健康の増進を図り，節度を守り節制に心掛け，安全で調和のある生活をすること。

C(15)〔よりよい学校生活，集団生活の充実〕

(4) 家庭・地域との連携，生徒指導との関連

　学級活動の様子を，学級便りなどを通じて家庭に伝え，家庭と連携して食育に取り組む。

　保護者，地域住民，NPO法人などと連携して，地域共生の視点で食育を推進することが考えられる。

【参考文献】
○文部科学省「学校における食育の推進・学校給食の充実」
　http://www.mext.go.jp/a_menu/sports/syokuiku/index.htm
○文部科学省「食生活学習教材（中学生用）」2009年3月
　http://www.mext.go.jp/a_menu/shotou/eiyou/1288146.htm

[(3) 一人一人のキャリア形成と自己実現]

学級活動内容(3)の指導上の留意点

　今回の改訂では，「基礎的・汎用的能力」を育むものとして『キャリア教育の充実』を重点項目として掲げている。総則においても「生徒が，学ぶことと自己の将来とのつながりを見通しながら，社会的・職業的自立に向けて必要な基盤となる資質・能力を身に付けていくことができるよう，特別活動を要としつつ各教科等の特質に応じて，キャリア教育の充実を図ること」とされた。このことは，生徒一人一人のキャリア形成にとって，特別活動での取組がいかに重要であるかを物語っており，特筆に値する。

　もちろん，キャリア教育は教育活動全体を通して行われるものであるが，とりわけ，生徒が実際に生活している場である「学校」という社会で起こる出来事や行われる諸活動について，直接的・主体的に課題に向き合い，協働的に解決していくことを行う特別活動は，一人一人のキャリア形成の「実践の場」として，重要な位置を占める。このことが今回の改訂で明示されたことは非常に大きな意義をもつものであり，今後，各学校において確実に，そして積極的に取り組んでいくことが望まれる。

　また今回の改訂では，学級活動の内容の構成において系統性が明確になるように，次のような整理が行われた。

・小学校の学級活動に「(3)一人一人のキャリア形成と自己実現」を設け，キャリア教育の視点から，小・中・高のつながりをもたせた。
・中学校において，与えられた課題ではなく学級生活における課題を自分たちで見いだして解決に向かうために話し合う活動に，小学校の経験を生かして取り組むよう(1)の内容を重視する観点から(2)，(3)の項目を整理した。

このことは，一人一人のキャリア形成が中学校の３年間だけで育まれるものではなく，生涯を通じて様々な経験を積みながら行われるものであること，中学校のキャリア教育が小学校からの積み上げを基礎にして行われるとともに，高等学校や実社会へつなぐ役割として大変重要なものであることが，改めて示されたと言える。多感で不安定な時期である中学生だからこそ，将来と今がつながっていることに気付かせ，一人一人の役割や自己の成長を意識しながら，主体的・協働的・意欲的に活動していけるようにすること，生徒一人一人が生きる価値を見出して社会に貢献する気持ちをもち，社会的・職業的に自立した個として成長できるように育成していくことが大切であり，学級活動(3)では，特にそのことに重点を置きながら，実態に即しつつ各学年で計画的に実践し，一人一人のキャリア形成を確実に行っていく必要がある。

　実際の指導に当たっては，次の２点に留意する必要がある。１点目は，体験活動や経験だけに終わらないことである。「なすことによって学ぶ」ことが特別活動の基本原理であることについて，今回の改訂でも再三記述されているが，目的意識のない体験ありきの活動や振り返りをして改善したり実行したりする活動のない単発のイベントとして終わらせないことである。それを防ぐためには，事前・事後活動を確実に位置付けた構成の下，学習を行うこと，グループや全体で話し合う時間や互いの活動を評価し合う時間を大切にし，成長や考え方の変容を感じさせることを学習の中心に据えることである。

　２点目は，学級活動(3)が一人一人の意思決定を伴う活動であることを指導案上に明確に位置付け，実施することである。将来的には自分のキャリア形成や夢や目標の実現に向けて，他者の意見や経験を参考にしながら「自分で決めたことを実践し，改善していく」という自立した人間としての生活が送れるようにしていかなければならない。そのような学習活動を計画的に行うことで，生徒が夢や希望を抱き，主

体的に学校生活を送っていこうという意欲をもたせることにつながるのである。以下，ア～ウの内容項目ごとに特徴と指導上の留意点を示す。

学級活動内容(3)ア～ウの特徴と指導上の留意点

　日本の子供たちの学習に対する意欲が低いことが国際的な調査でも明らかになっている現在，学級活動内容(3)のアにおいて何より大切なことは，中学生の時期に主体的に学んだり，見聞を広めたり，貪欲に探究したり，進んで経験したり粘り強く取り組んだりすることが，将来，社会的・職業的に自立した人間として充実した生活を送る上での基盤となっていることに気付かせ，学習や学校生活に意欲的に取り組みたいという思いにさせることである。そのためには実感を伴った理解が不可欠になる。では，まだ訪れていない将来と現在の学習がつながっていることをどのように実感させればよいか。直接経験できないからこそ，経験者であり自分たちの身近な存在である卒業生や地域の職業人，保護者などの協力を得ながら，実体験を聴く活動を取り入れてみる，あるいは将来に対して同じ悩みや不安をもつ同級生同士で本音を語り合いながら，共に努力していくことを確認するなど「語る，語り合わせる」活動を行うことで，深く考え，前向きな意思決定ができるような活動にしていきたい。その際，普段から何でも語り合える受容的・共感的な雰囲気をもつ集団作りを行っておくこと，自らの学習方法や学習の仕方を見直す活動を取り入れ，意思決定したことを実施し，確認・改善できる時間を確保し，自己の変容や成長が実感できるような展開になるよう配慮することなどが大切である。

　また，よりよい学びを行ったり，様々な情報を入手したりする手段として学校図書館等の活用を促す活動を取り入れることもこの項目では重要になる。その際，図書館司書等の協力を得ることは大切なことであるが，本や読書の楽しさを感じさせること自体がこの項目のねらいではないため，活動の目的や関わり方について十分な打合せをして

おくことが必要である。

　学級活動内容(3)のイは，社会的な課題になっている勤労観・職業観の育成に関する項目であり，体験活動を効果的に取り入れながら，自らの適性や能力を生かした仕事や役割を通して社会に貢献していこうとする主体的な態度を醸成していくことが大切になる。そのためには，自分の適性について知り，それがどのように働くこととつながるのかを理解したり，世の中にはどのような職業があり，人々はどのような思いで働いているかについて感じ取ったりする活動を行う必要がある。現在，多くの学校で職場体験や介護体験等が行われているが，意義ある体験活動にするためには事前・事後学習を丁寧に行うことである。一人一人が将来働くことに対して前向きな気持ちをもち，中学校生活で行う様々な役割を主体的に行うようにつなげていく指導や単元構成の工夫が求められる。その際，社会のルールやマナーを学ぶ機会としてのガイダンスや一人一人の思いや考えを聴くカウンセリング等を取り入れると，より効果的である。

　学級活動内容(3)のウは，進路や将来設計に関する項目であり，一人一人の生き方に関わる重要な項目でもある。ここで留意すべき点は，志望校や就職先の選択に関する活動，または受験に関する情報収集や面接指導など，いわゆる「出口指導」に終わらないことである。キャリア形成や自己実現は義務教育終了時点の選択で全てが決まるものではない。キャリア教育の基本である，「生涯を通して多様な社会と関わりながら，自分の人生を自ら形成していく資質や能力を養う」ということを意識した学習を展開し，指導を工夫する必要がある。また，進路選択や将来の生き方について主体的な自己選択ができるようにしていくことも重要である。

　そのためには，小学校で行われる学級活動内容(3)との系統性を考えた学習を組み立てること，将来の生き方や進路，夢や目標について振り返ることのできるポートフォリオ的な資料を活用することなどが必

要になる。また，一人一人の思いや願いを十分に聴き取って，よりよい進路選択や生き方指導につなげるキャリアカウンセリングを行ったり，多様な生き方や選択肢があることを実感し，視野を広げることができるような活動を取り入れたりすることも効果的である。

(1) 事例1　未来の自分・今の自分

((3)ア　社会生活，職業生活との接続を踏まえた主体的な学習態度の形成と学校図書館等の活用)

① 学級活動指導案

1　題材

「未来の自分・今の自分」（2学年）

2　題材設定の理由

中学2年生という時期は，中学校生活において，学習や部活動などを通して充実した毎日が送れる反面，社会とのつながりを感じにくく，「何のために学んでいるのか」「学習することが何につながるのか」見えていないことが多い。

また，多くの生徒が思春期を迎えるこの時期は，心身の成長とともに，心が大きく揺れ動き，学習に目的や意義を見いだせず，投げやりになったり，将来に対する漠然とした不安を抱えたりする時期でもある。

学校で友達と関わりながら，様々な教科を学んでいることや学ぶこと自体が，将来の生活や職業に就き，働くときに大きな役割を果たしていることに気付き，主体的・意欲的に学習に取り組むことの大切さについて実感を伴って理解させることは，この時期の生徒にとって，適切な学習観・職業観を養い，社会的・職業的に自立した人間として成長するために，非常に大切なことである。

実際の指導に当たっては，経験者からのアドバイスを聞いたり，打ち解けた雰囲気の中で生徒同士が互いの悩みや不安について話し合う活動を通して，現在の学習や生活が将来の自分の生き方と結び付いて

おり，そのために目的意識をもって計画的・主体的に活動していくことが大切であると捉えられるようにしなければならない。

本題材を学習することで，自分の学習態度や取り組む姿勢を見つめ直し，将来のよりよい生き方や職業生活のために，進んで学習していく意欲と態度を醸成し，充実した中学校生活を送ってほしいと考え，本題材を設定した。

3　指導のねらい
- 現在及び将来にわたる学習が，自己実現のために必要なことであることを自覚し，主体的に学習する意欲や態度を育てる。
- 将来の自分や関心のある職業について，目標実現のために見通しをもって学習を進めたり，改善したりできるように，学習の計画を立て，実践する。

4　展開の過程

(1)　事前の指導と生徒の活動

日時	活動の場	活動の主体	活動の内容	指導上の留意点
○月○日	帰りの会	学級全体	学習に対するイメージや実際の学習態度について把握するアンケートを行う。	・生徒の思いや普段の取組の様子が把握できるようなアンケートを事前に考えて行うとともに，集計後の資料提示の方法を考えさせる。
◇学級活動委員会の構成員をおよそ半数ずつ変えていき，引き継ぎを通して責任感，達成感を味わわせる。**(見方・考え方)** ○学級活動委員会が事前・本時・事後を通して，集団と個人の課題を明確にして話合いを進められる。**(主体的・対話的で深い学び)**					
○月○日	放課後	学級活動委員会	アンケートを集計し，資料化するとともに，取り上げるテーマについて焦点化し，話合いの柱を決定する。	・学習に対するイメージがよくなるような話合いになるよう，テーマを考えさせる。
○月○日	帰りの会	学級全体	学級活動委員会の司会担当が，当日の学活の流れを説明・予告する。	・話合いをスムーズに行うため，事前に自分の意見を考えて，ノートに書いておくようにする。

※アンケート調査「２年Ａ組　学習力向上プロジェクト！」

〈項目〉
①学習についてどんなイメージを持っていますか？（複数回答可）
　ア　おもしろい　　　イ　ためになる　　ウ　つまらない
　エ　めんどうくさい　オ　難しい　　　　カ　苦しい
　キ　分からない　　　ク　その他（自由記述）
②学習は，何のために行っていると考えていますか？
　ア　将来働く時に必要なものだから　イ　中学生の本分が勉強だから
　ウ　自分の入りたい高校に入るため　エ　自分の知識を増やすため
　オ　我慢する力を身に付けるため　　カ　よりよい生活を送るため
　キ　テストでよい点を取るため　　　ク　先生や親に言われるから
　ケ　考えたことがない　　　　　　　コ　その他（自由記述）
③あなたが好きな（興味を持っている）学習や教科は何ですか？　また，それはなぜですか？
④あなたが苦手な（興味が持てない）学習や教科は何ですか？　また，それはなぜですか？
⑤あなたは，どんな学習（教科）が将来役に立つと考えますか？　また，そう考える理由は何ですか？
⑥あなたはどのくらい（１日にどのくらい）学習をしていますか？
⑦あなたは今，学習に対してどんな不安や悩みがありますか？
⑧あなたがこれまで行ってきた学習方法の中で，効果があったものを教えてください。

(2)　本時の活動テーマ

　学習の意義や目的について話し合い，自分に合ったよりよい学習スタイルを考えて実践しよう。

(3)　本時のねらい

・学習することの意義や大切さについて確認し，よりよい学習方法について話し合い，自分に合った学習スタイルを決定し，実践につなげる。

・将来の生き方や就きたい職業と結び付けて現在の学習態度を見つめ直し，その改善を図ろうとする意欲を育てる。

(4)　本時の展開

	活動の内容	指導上の留意点	評価の観点
活動の開始	１　学級活動委員会によるアンケート調査集計結果の発表	・学級活動委員会の代表が，アンケート調査による「学習に対するイメージや現状」についてポイントを明確にして示せるようにする。	

		・学習に対してよいイメージがもてていない生徒や漠然とした不安がある生徒がいることに気付けるようにする。 ・見やすい資料の提示の仕方を徹底させ，発表者に注目できるようにする。	
	○学習について現在の取組み方や課題について把握し，将来の生活や職業と関わらせて認識することができる。**(主体的・対話的で深い学び)**		
活動の展開	2　先生の話	・本活動で話し合う理由を代表生徒が発表するとともに，担任からも本活動の意義や目的を説明し，活動意欲を高める。 ・生徒が司会や記録を担当し，主体的な話合いを進めていくことを知らせ，フロアの生徒の協力を促す。	・本時の流れや目的について理解し，関心をもって取り組もうとしている。
	3　「私たちの学習力向上プロジェクト」の一環として，学習に対するイメージや取り組む姿勢の向上に向けて，グループで意見交流する。 　グループで話し合ったことを全体に紹介する。	・4〜5人のグループ内で，学習に対する興味の希薄さや学習時間の短さなどの課題に対して原因や課題改善策を話し合う。 ・互いの考えを聴き合い，グループとしての新たな意見が創発できるように担任が助言する。 ・実現不可能な決定や上滑りの話合いにならないように，めあてやねらいを意識させて，アンケート結果や自分の考えを基に話し合うようにする。	
	○本時において可能な限り，生徒が自主的な司会進行を行い，話合いを通して自己の望ましい生き方を考える。**(主体的・対話的で深い学び)** ○自らの考えたアイデアを級友の前で発表できる。**(内容相互及び教科等の指導との関連)**		
	4　ゲストティーチャーから職業生活と学習の関係について体験談を聞く。	・現在の学習が将来の生き方や生活につながっていることについて再認識できるような話を地域の職業人や卒業生等に語ってもらうようにする。 ・実際に来てもらうことが不可能な場合は，ビデオメッセージを撮っておくなど工夫する。	
	5　互いの学習スタイルや学習方法に	・将来の生活や職業生活につながる学びを構築するために，互いの学	

第3節　学級活動〔(3)　一人一人のキャリア形成と自己実現〕

	ついてグループで確認し合う。	習方法を伝え合い，改善すべき点を，助言し合うようにする。・話合いにおけるグループの役割分担を明確にしておく。（司会，記録，発表，計時）	
	○他の意見や考えを生かしながら自分の学習方法やスタイルについて見つめ直すことができる。**(見方・考え方)**○将来の自分の姿を学級全員の前で言えるような人間関係を築いておく。**(見方・考え方)**		
活動のまとめ	6　将来の自分につなげるために，今の自分の学習スタイルで改善すべきことから，学習計画を立てる。7　先生の話	・他者の考えや意見を参考にしながら，目的意識をもって学習に臨めるように目標や学習方法について決定する。・今日学んだことや感じたことをキャリアノートに記入する。・実現不可能な改善案にならないような計画が立てられるように助言する。・今日のねらいを振り返りながら，自己の変容に気付かせるようにする。・担任の思いや願いを伝えるとともに，どのように実践の見届けを行っていくか，明らかにする。	
	○学校行事等の成果や道徳で学んだ価値観を自己決定に生かす。**(内容相互及び教科等の指導との関連)**		
	○決定したことが実践につながっているか，帰りの会や生徒の記録などから把握する。**(見方・考え方)**		

(5) 事後の指導と生徒の活動

① 本時の学習を受け，家庭で完成させてきた「学習力向上計画」について，朝の会や帰りの会等で確認をしたり，紹介し合ったりする活動を取り入れ，互いのよさや頑張りを認め合えるようにする。

② 定期的に実施状況を確認し，自己評価・相互評価する機会を作り，継続的な実践と振り返り，計画の見直しができるようにする。

※イメージマップ（グループ活動で使うワークシート）

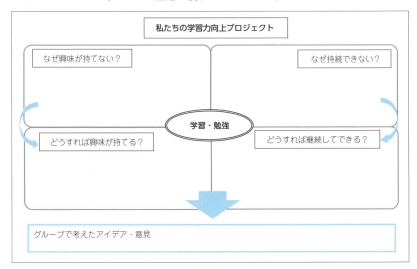

※板書例

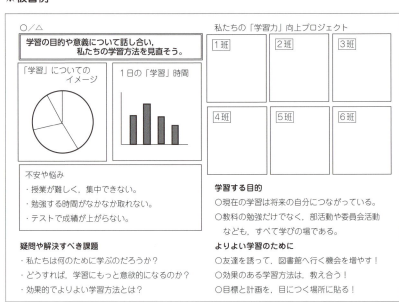

第3節 学級活動〔(3) 一人一人のキャリア形成と自己実現〕

※キャリアノート（学級活動ノート〔ワークシート〕）例

将来の自分・今の自分ワークシート

2年　組　番・名前 _____

① あなたは，学習の目的や意義についてどのように考えますか？

② 今日の授業で，参考になったことや取り入れようと思ったことを書きましょう。

③ あなたが今の自分の「学び」について，改善すべきことはどんなことですか？また，それは将来の自分とどのようにつながるでしょうか？

- 将来の自分〔目標や夢〕
- 改善すべき「今」の自分
- 具体的な行動宣言！

友達からのアドバイス（名前：　　　　　）

先生から

☆ 自分で決めた改善に向けての行動宣言を振り返ろう。

	達成度（％）	自己評価と次に向けての見直しや改善案
1週間後（　月　日）	％	
1か月後（　月　日）	％	
学年末（　月　日）	％	

(2) 事例2　学校図書館等の活用

((3)ア　社会生活，職業生活との接続を踏まえた主体的な学習態度の形成と学校図書館等の活用)

① 題材と主なねらい

「学校図書館等の活用」（1学年）

よりよい将来や生き方につながる考えや力を身に付けるために，多様な情報の収集や発信のセンター的な役割を果たす学校図書館の価値や意義に気付き，進んで活用する意欲と態度を養う。

② 育てたい力

目標(1)	目標(2)	目標(3)
集団活動の意義や活動上の必要事項の理解と行動の仕方（知識及び技能）	生活や人間関係の課題の発見と解決のための話合い，合意形成，意思決定（思考力，判断力，表現力等）	人間関係等のよりよい形成，生き方の深化と自己実現を図ろうとする態度（学びに向かう力，人間性等）
自分を高め，質の高い生活を送るためには，幅広い知識を得たり，多様な考えや意見に触れ，考えを深めたりすることが大切だということを理解し，効果的な学校図書館等の利用の仕方を身に付けている。	友達や周りの人と意見や考えを交流し合うことで，図書館等を有効活用することにより，知見を広げ，目標や希望を持って生活することの意義や価値について考え，自分が実践することを決定することができる。	友達や周りの人のよさや頑張りに気付き，共に高め合うことが大切であることを理解し，自らのよりよい生き方や将来の在り方を実現するために必要なことについて考え，実践することができる。

③ どのように学ぶか

(1) 展開（主体的・対話的で深い学び）

・図書館司書等のブックトークを聞き，雰囲気を作るとともに本や読書について関心を高める。［目標(3)］

・意識調査「私たちの読書や図書館利用に関するアンケート」結果を学級活動委員会が発表し，課題意識をもつ。［目標(1)］

・グループでこれまで活用した本について紹介し合い，図書館活用のアイデアについて話し合う。［目標(2)］

・図書館司書，図書委員長，上級生や卒業生等からの図書館を活用することの意義や効果についてのメッセージを聞く。［目標(1)］

・話合いや他者の意見を参考にして，これからの生活の仕方や図書館の活用に関して実践計画を立て，発表する。［目標(3)］
・事後の活動として，実践状況を帰りの会等で振り返ったり，状況を伝え合ったりする。［目標(3)］

(2) 指導上の留意事項
・可能な限り，生徒の主体的な司会進行で話合いが進められるよう，事前に学級活動委員会と学級担任で，昼休み・放課後などを活用して，打合せを行う。
・事前の意識調査について，図書館司書の協力や助言を得ながら，学級活動委員会の生徒が調査内容を考え，実施・集計を行い，問題提起の提示資料を作成する。
・図書館司書がゲストティーチャーとして関わる場合は，本時の目的や関わり方について事前に十分確認をしておく。
・本時のグループ活動での話合いは，よりよい読書習慣や図書館活用のための「意思決定」を促すものになるように，担任が話し合う視点を伝える。また，グループで話し合ったことを全体に紹介する時間を設け，級友のよさや頑張りが確認できるようにする。
・本時の最後に振り返る時間を設定し，ワークシート等で自らの意思決定を可視化できるようにして，今後の実践につなげる。
・学校図書館の活用や読書の習慣化が，一人一人のキャリア形成にとって有益で，大きな意味をもつことが感じられるような話やメッセージを行ってもらえるように計画・準備する。
・定期的に朝の会や帰りの会で取り上げ，担任が活用の様子やよい変化についてコメントする。また，各教科担任に協力を依頼し，図書館を活用した授業を組み込むなど，生徒が活用の意義を実感できるように計画する。殊更に，図書館利用の回数や貸出冊数のランキングを行い，競争を煽るようなことはすべきではない。

(3) 資料・教材
　・事前意識調査「私たちの読書や図書館利用に関するアンケート」（項目例：①あなたは，普段，学校図書館をどれくらいの頻度で利用していますか？　②あなたは，今年何冊くらい本を読みましたか？　③今まで読んだ本の中で，一番心に残っている本は何ですか？　その理由は？）
　・担任の読書や図書館活用に関する思い出，または卒業生のメッセージビデオ

④ **カリキュラム・マネジメントの視点から**
(1) 各教科等との関連
　【国語】　第1学年　C読むこと
　学校図書館などを利用し，多様な情報を得て，考えたことなどを報告したり資料にまとめたりする活動
　【総合的な学習の時間】　指導計画の作成と内容の取扱い
　学校図書館の活用（略）等の工夫を行うこと。
(2) 特別活動の各活動・学校行事との内容相互の関連
　入学後の学校生活オリエンテーション，職場体験や職業調べ学習と関連付けて実施することで，主体的な活動につなげることができる。また，全国読書週間に合わせて図書委員会が主催する読書集会などの生徒会活動と関連付けて実施することで，事後の取組の活性化を図る。
(3) 道徳科の内容との関連
　A(3)〔向上心，個性の伸長〕　優れた古典や先人の生き方との感動的な出会いを広げる中で，充実した人間としての生き方について自覚を深めさせるようにする。
(4) 家庭・地域との連携，生徒指導との関連
　地域やPTAが行う図書館ボランティアと連携した取組も考えられる。また，生徒の学校図書館等の活用の状況を学級通信等で取り上げ，家庭での読書習慣の形成や地域の図書館活用にもつなげていく。

(3) 事例3　なぜ働くのだろうか

((3)イ　社会参画意識の醸成や勤労観・職業観の形成)

① **題材と主なねらい**

「なぜ働くのだろうか」(1学年)

　勤労や職業に対する理解を深めることを通して，学ぶこと，働くこと，生きることに対する自己の考えを深め，将来を思い描きながら，自己のよさを生かした自分にふさわしい生き方や職業を主体的に考えようとすることができる。

② **育てたい力**

目標(1)	目標(2)	目標(3)
集団活動の意義や活動上の必要事項の理解と行動の仕方（知識及び技能）	生活や人間関係の課題の発見と解決のための話合い，合意形成，意思決定（思考力，判断力，表現力等）	人間関係等のよりよい形成，生き方の深化と自己実現を図ろうとする態度（学びに向かう力，人間性等）
学ぶことと働くことの意義や，自己の能力や適性，様々な職業に関する情報収集の仕方について理解している。	働くことの意義について様々な角度から考えることを通して，現在の自己の学習や将来の生き方についての課題を見いだし，改善に向け，これからの在り方を考えている。	自らの能力や適性を生かして役割や仕事を担うことが社会づくりにつながることを踏まえ，他者と関わりながら考えを深めることを通して，自分なりの勤労観・職業観を育もうとする。

③ **どのように学ぶか**

(1) 展開（主体的・対話的で深い学び）

　・本時の学習課題を確認し，学習の見通しをもたせる。［目標(2)］
　・事前に学級の生徒に対して実施した勤労観・職業観に関するアンケート結果を見て，感想を自由に述べ合う。［目標(1)］
　・アンケート結果を基にした意見交換を踏まえ，自分なりの勤労観・職業観を明確にする。［目標(1)］
　・自分なりの勤労観・職業観を基に，小集団の中で，望ましい勤労観・職業観について話し合う。［目標(3)］
　・各小集団の中で出された望ましい勤労観・職業観を，学級全体で共有し，より望ましい勤労観・職業観について話し合う。［目標(3)］

・本時の学習を踏まえ，学級や学校の一員としての自己の在り方について考え，これからの生活や学習において力を入れるべきことを考える。［目標(2)］
・事後の活動として，自己決定したことについて帰りの会で振り返る。［目標(2)(3)］

(2) 指導上の留意事項
・1学期に実施した職業に関する学習や，働く人へのインタビューで学んだことを関連付けたり，本時の学習が2年時に実施される職場体験につながることに触れたりするなどして，1年間，さらには3年間の学習を見通した指導を行う。
・事前の勤労観・職業観に関するアンケートにおいては，子供たちの素直な意見が多く出るよう留意する。
・勤労観・職業観についての話合いにおいては，理由を明確にして自己の考えを述べさせるとともに，多様な考え方があることに気付かせることを重視し，教師の価値観で一方的な評価に終始しないよう留意する。
・本時の活動を通して大切にしたい勤労観・職業観を明確にさせた上で，それに照らして今の自己を振り返らせ，自分に合った生活や学習の努力目標を立てさせる。
・事後の指導として，一定期間，帰りの会の中で自己の目標の実施状況を振り返らせ，互いに頑張っている点を認め合う活動に取り組ませる。

(3) 資料・教材
　事前アンケート（主な項目：職業を考えるときにあなたが重視することは何ですか。働く目的は何であると考えていますか。など）

④ **カリキュラム・マネジメントの視点から**
(1) 各教科等との関連
　【社会】〔公民的分野〕［私たちと経済］

社会生活における職業の意義と役割及び雇用と労働条件の改善について多面的・多角的に考察し，表現する。

(2) 特別活動の各活動・学校行事との内容相互の関連

学級活動の内容(1)の「イ 学級内の組織づくりや役割の自覚」及び生徒会活動の内容「(1)生徒会の組織づくりと生徒会活動の計画や運営」のほか，学校行事の中で組織される様々な集団の中での役割を果たす場面などとの関連が考えられる。

(3) 道徳科の内容との関連

C(13)〔勤労〕 勤労観・職業観について友達と考えを交流することを通して，勤労の尊さや意義を理解し，将来の生き方について考えを深め，勤労を通じて社会に貢献する。

C(12)〔社会参画，公共の精神〕 社会参画の意識と社会連帯の自覚を高め，公共の精神をもってよりよい社会の実現に努める。

A(3)〔向上心，個性の伸長〕 自己を見つめ，自己の向上を図るとともに，個性を伸ばして充実した生き方を追求する。

(4) 家庭・地域との連携，生徒指導との関連

本時の中で見られた生徒の勤労観・職業観について，学級通信等で保護者に伝えるとともに，子供たちの価値観に対する保護者からの意見等を聞く活動を展開する。

望ましい勤労観・職業観に基づき，集団や社会の中で活動していくことは，成長を促す生徒指導に結び付く。

【参考文献】
○国立教育政策研究所教育課程研究センター「評価規準の作成，評価方法等の工夫改善のための参考資料（中学校特別活動）」2011年11月

(4) 事例4　自分の進路について考えてみよう～職業体験を通して～
((3)イ　社会参画意識の醸成や勤労観・職業観の形成)

① 題材と主なねらい

「自分の進路について考えてみよう～職場体験を通して～」（2学年）

職場体験に向けて，職業について事前学習を行ったり，マナー講座を受けることを通して，職業を主体的に考えようとすることができる。これらの活動を通して，発達段階に応じた望ましい勤労観や職業観を育み，自らの進路選択，決定に必要な能力や態度を身に付けさせたい。

② 育てたい力

目標(1)	目標(2)	目標(3)
集団活動の意義や活動上の必要事項の理解と行動の仕方（知識及び技能）	生活や人間関係の課題の発見と解決のための話合い，合意形成，意思決定（思考力，判断力，表現力等）	人間関係等のよりよい形成，生き方の深化と自己実現を図ろうとする態度（学びに向かう力，人間性等）
職場体験で必要なマナーなどを講座で学び，活用する知識を身に付けている。	職場体験について話し合うことを通して，当日の活動が，受け身的なものにならないようにどうすればいいかを考えている。	自分たちが話し合って立てた職場体験に向けての目標を，当日に生かして活動しようとする。職場体験で学んだことを，今後の生活で生かそうとする。

③ どのように学ぶか

(1) 展開（主体的・対話的で深い学び）

・本時の学習課題を確認し，学習の見通しをもたせる。［目標(2)］
・事前に学級の生徒に対して実施した自分の将来像に関するワークシートを見て，進路について関心を高める。［目標(3)］
・マナー講習を踏まえ，職場体験のときに必要な知識・技能を具体的に理解する。［目標(1)］
・自分なりの職業観を基に，小集団の中で，職場体験について話し合う。［目標(2)］
・各小集団の中で出された職場体験に関する目標を，学級全体で共有し，望ましい職場体験について話し合う。［目標(3)］

・本時の学習を踏まえ，職場体験での活動について考え，当日の活動においてどうあるべきかを考える。［目標(2)］
　　・事後の活動として，職場体験報告会で振り返る。［目標(2)(3)］
(2) 指導上の留意事項
　　・１学期に実施した自分の将来像に関するワークシートの内容と関連付けて，１年間を通して職場体験を核に系統だった指導を行う。
　　・事前の職業に関する調べ学習で，調査した内容が不十分であるときには，適宜助言する。
　　・職場体験を現実の活動として意識できるように助言する。
　　・事後の指導として，職場体験報告会に向けて学んだことを書かせることによって，活動を振り返らせる。
(3) 資料・教材
　　・ワークシート（主な項目：10年後どのような人生を歩みたいですか。あなたはどのような職業に就きたいですか。仕事を選ぶときに何を大切にしたいですか　など）

④ **カリキュラム・マネジメントの視点から**
(1) 各教科との関連
　【社会】〔公民的分野〕　B　私たちと経済
　　社会生活における職業の意義と役割及び雇用と労働条件の改善について多面的・多角的に考察し，表現する。
　【国語】　A　話すこと・聞くこと
　　自分の立場や考えを明確にし，相手を説得できるように論理の展開などを考えて，話の構成を工夫する。
(2) 特別活動の各活動・学校行事との内容相互の関連
　　学級活動の内容(3)「ア　社会生活，職業生活との接続を踏まえた主体的な学習態度の形成と学校図書館等の活用」「ウ　主体的な進路の選択と将来設計」及び学校行事の内容「(5)　勤労生産・奉仕的行事」などとの関連が考えられる。

(3) 道徳科の内容との関連
　C⒀〔勤労〕　勤労の尊さや意義を理解し，将来の生き方について考えを深め，勤労を通じて社会に貢献しようとする態度を育てる。
　C⑿〔社会参画，公共の精神〕　職場体験を通して，社会参画の意識と社会連帯の自覚を高め，よりよい社会の実現に努めようとする態度を育てる。
　A⑶〔向上心，個性の伸長〕　自己を見つめ，自己の向上を図るとともに，個性を伸ばして充実した生き方を追求しようとする態度を育てる。
(4) 家庭・地域との連携，生徒指導との関連など
　本時の中で見られた職場体験に関する班での目標・学級目標を学級通信などで保護者にも知らせる。
　自己の将来について考える活動は，成長を促す生徒指導に結び付く。

【参考文献】
○国立教育政策研究所教育課程研究センター「評価規準の作成，評価方法等の工夫改善のための参考資料（中学校特別活動）」2011年11月

⑸　**事例5　夢前進の学習プランを立てよう**
（⑶ウ　主体的な進路の選択と将来設計）

① **題材と主なねらい**
「夢前進の学習プランを立てよう」（3学年）
　進路決定時の不安や悩みを自分たちの問題として共感的に受け止めさせ，その解決策を考えさせる中で，自分自身の生き方を見つめ，自己の課題に前向きに取り組もうとする態度を育てる。

② **育てたい力**

目標⑴	目標⑵	目標⑶
集団活動の意義や活動上の必要事項の理解と行動の仕	生活や人間関係の課題の発見と解決のための話合い，	人間関係等のよりよい形成，生き方の深化と自己表

方（知識及び技能）	合意形成，意思決定（思考力，判断力，表現力等）	現を図ろうとする態度（学びに向かう力，人間性等）
進路計画の立て方や進路計画を立てることの意義を理解している。	進路目標決定に向けて，現在の学習の課題を把握し，解決するための学習計画を具体的に決めることができる。	自分自身の可能性を含めた肯定的理解に基づき主体的に進路計画を作成することができる。今後の成長のために進んで学ぼうとすることができる。

③ どのように学ぶか

(1) 展開（主体的・対話的で深い学び）
 ・「家庭学習診断表」の集計結果から，傾向をつかみ，課題意識を高める。［目標(2)］
 ・「学校に通う意義」について互いに意見を出し合う。［目標(1)］
 ・学習プランを作成するポイントについて話し合う中で，自分に合ったものを見つけさせる。［目標(2)］
 ・事後の活動として，学習計画表を作成し，学習状況を振り返る場を設け，互いにがんばっている点を認め合う活動を行う。［目標(3)］

(2) 指導上の留意点
 ・家庭学習診断表に現在の学習状況を正確に分析し，記入する。
 ・可能な限り，生徒が自主的に司会進行できるように事前に学級活動委員会の打ち合わせを行う。
 ・小集団での話合い活動の進め方を事前に徹底しておくとともに，役割分担を確認しておく。
 ・本時で話し合ったことを実践につなげていくために，家庭学習時間調査表を確認する機会を設ける。また，教師が確認する際に，時折コメントを記入する。

(3) 資料・教材
　家庭学習診断表，家庭学習調査表（主な調査項目：学習傾向に関する質問，家庭学習時間に関する質問など）

④ カリキュラム・マネジメントの視点から

(1) 各教科との関連

【国語】 各学年のＡ話すこと・聞くこと

場の状況に応じて言葉を選ぶなど，自分の考えが分かりやすく伝わるように表現を工夫すること

(2) 特別活動の各活動・学校行事との内容相互の関連

学級活動の内容(3)の「ア　社会生活，職業生活との接続を踏まえた主体的な学習態度の形成と学校図書館等の活用」の学習で取り上げた学ぶことと働くことの意義を踏まえ，自分の進路選択と将来設計に向けて，今何をするべきか考えさせ，学習計画を立てさせる。

(3) 道徳科の内容との関連

A(4)〔希望と勇気，克己と強い意志〕　より高い目標を設定し，その達成を目指し，希望と勇気をもち，困難や失敗を乗り越えて着実にやり遂げようとする態度を育てる。

B(9)〔相互理解，寛容〕　（略）

(4) 家庭・地域との連携，生徒指導との関連

作成した学習計画表に学習時間を記入させ，学級担任が定期的に確認をし，取組に対し称揚や励ましを行う。また，週末には保護者に確認していただき，取組のねらいを保護者の方にも知っていただく。

(6) 事例６　「夢前進!!」私の進路計画partⅢ～進路決定時の悩みを解決しよう～

((3)ウ　主体的な進路の選択と将来設計)

① 題材と主なねらい

「『夢前進!!』私の進路計画partⅢ～進路決定時の悩みを解決しよう～」（３学年）

目指すべき自己の将来像を描き，その実現に向け，中学校卒業後の進路や社会生活に関する幅広い情報を基に自己の卒業後の進路について主体的に考え，現在の自分の生き方を振り返り，自己実現に向けて

努力しようとすることができる。

② **育てたい力**

目標(1)	目標(2)	目標(3)
集団活動の意義や活動上の必要事項の理解と行動の仕方（知識及び技能）	生活や人間関係の課題の発見と解決のための話合い，合意形成，意思決定（思考力，判断力，表現力等）	人間関係等のよりよい形成，生き方の深化と自己表現を図ろうとする態度（学びに向かう力，人間性等）
中学校卒業後の進路や社会生活に関する幅広い情報及び必要な情報の収集の仕方について理解している。	卒業後の進路選択の問題を自分自身の問題として受け止め，現在の自己の生き方を振り返り，これからの在り方について考えている。	自ら立てた進路計画の実現を目指し，自己の個性や興味・関心を生かしながら努力するとともに，よりよい進路計画となるよう改善しようとする。

③ **どのように学ぶか**

(1) 展開（主体的・対話的で深い学び）

・これまでの進路学習や，自ら立てた学習プラン及びその実践状況について振り返る。［目標(1)(3)］

・本時の学習課題を確認し，学習の見通しをもつ。［目標(2)］

・卒業後の進路を決定するに当たっての自己の悩みを明確にする。［目標(2)］

・小集団の中で，「『行きたい』高校へ行くべきか，『行ける』高校へ行くべきか」についてディベート形式で議論する。［目標(2)］

・小集団のときと同じテーマで，学級全体で議論し考えを深める。［目標(2)］

・先輩の体験談を聞き，様々な生き方があることについて知る。［目標(1)］

・卒業後の自己の進路計画を描き，現在の自己の生き方を振り返り，これからの学習や生活において力を入れるべきことについて考える。［目標(2)］

・事後の活動として，教育相談を通して進路計画の吟味を重ねるとともに，自己の努力目標の実践状況を振り返る。［目標(3)］

(2) 指導上の留意事項
- 中学校３年間の進路学習の流れを振り返るとともに，将来の社会人・職業人までも視野に入れた現在の自分の位置を認識させる。
- ディベート形式の議論や先輩からのアドバイスを聞くことを通して，多様な生き方があることに気付かせるとともに，自己の在り方について考えさせる。
- 自己の進路計画を作成させた上で，現在の自己を振り返り，進路の実現に向けての努力点を明確にさせる。
- 進路や生き方に関する幅広い情報をもつことの大切さを認識させるとともに，多様な情報を踏まえ，進路計画を絶えず吟味し改善を図っていくことの大切さに気付かせる。
- 事後の指導として，進路の最終決定に向け，教育相談を通して一人一人の生徒の希望や特性に合ったものとなるよう助言するとともに，進路の実現に向け努力している点を積極的に称賛する。

(3) 資料・教材
- 年間進路予定
- 先輩からのアドバイス（録画映像）

④ **カリキュラム・マネジメントの視点から**

(1) 各教科との関連

【国語】　A話すこと・聞くこと

　自分の立場や考えを明確にし，相手を説得できるように論理の展開などを考えて，話の構成を工夫する。（３学年）

　場の状況に応じて言葉を選ぶなど，自分の考えが分かりやすく伝わるように表現を工夫する。（３学年）

(2) 特別活動の各活動・学校行事との内容相互の関連

　学級活動の内容「(3)一人一人のキャリア形成と自己実現」で実施した進路学習及び学校行事の内容「(5)勤労生産・奉仕的行事」として実施した職場体験や上級学校や職場の訪問・見学などとの関連が考えら

れる。
(3) 道徳科の内容との関連

　A(4)〔希望と勇気，克己と強い意志〕　自らの進路計画を作成，吟味することを通して，より高い目標を設定し，その達成を目指し，希望と勇気をもち，困難や失敗を乗り越えて着実にやり遂げようとする態度を育てる。

　C(13)〔勤労〕　将来の生き方について考えを深め，勤労を通じて社会に貢献しようとする態度を育てる。

(4) 家庭・地域との連携，生徒指導との関連など

　進路の選択に当たっては，保護者にも積極的に進路情報の提供を行うとともに，保護者も交えた教育相談の場を設けるなど，保護者との連携を密に行う。

　生徒の主体的な進路選択は，生徒指導における重要な自己決定の機会となる。

【参考文献】
○文部科学省「中学校キャリア教育の手引き」2011年

第4節 生徒会活動

1 目標と内容

(1) 生徒会活動の目標

「異年齢の生徒同士で協力し,学校生活の充実と向上を図るための諸問題の解決に向けて,計画を立て役割を分担し,協力して運営することに自主的,実践的に取り組むことを通して,第1(特別活動)の目標に掲げる資質・能力を育成することを目指す」ことを目標としている。生徒会活動は,生徒の自主性,自発性をできるだけ尊重して,生徒が自ら活動の計画を立て,役割を分担し,協力し合い,望ましい集団活動を進めるよう,自主的,実践的に活動できる場や機会の計画的な確保も含めた学校の一貫した指導体制の下に運営できるようにすることが重要である。

(2) 生徒会活動の内容

今までの生徒会活動も生徒のよりよい人間関係や豊かで楽しい学校生活を築いたり,学校行事への取組が学校文化の創造に結び付いていたりする一方で,生徒会役員や一部の生徒の活動になってしまうなどの課題もあった。生徒会活動のねらいに即すると,学校の全生徒をもって組織する活動であり,次の①〜③の活動内容を十分に理解し,主体的に考えて実践できるよう指導することが必要となる。

① 生徒会の組織づくりと生徒会活動の計画や運営

内容は,「生徒が主体的に組織をつくり,役割を分担し,計画を立て,学校生活の課題を見いだし解決するために話し合い,合意形成を図り

実践すること」である。その実現のために育成すべきことは，以下の3点である。

　(i)　学校生活の充実と向上のために，生徒の総意によって目標を設定し，役員選挙等を通した組織づくりや役割分担を行って協働して実行することの意義を理解し，そのために必要な計画や運営，合意形成の仕方などを身に付ける。

　(ii)　生徒総会や各種の委員会において，学校生活の充実と向上のための課題や生徒の提案を生かした活動の計画について考え，課題解決の方法や役割の決定，その実践に取り組むことができるようにする。

　(iii)　集団の形成者として，多様な他者と，互いの個性を生かして協力し，積極的に学校生活の充実と向上を図ろうとする態度を養う。

② **学校行事への協力**

内容は，「学校行事の特質に応じて，生徒会の組織を活用して，計画の一部を担当したり，運営に主体的に協力したりすること」である。その実現のために育成すべきことは，以下の3点である。

　(i)　学校行事の意義を理解し，生徒会としての意見を生かすための組織や全校生徒の協働を図る仕組みづくりなどについて理解する。

　(ii)　学校行事の特質に応じて，生徒会としてどのような協力を行うことが学校行事の充実につながるか考え，話し合い，決めたことに協力して取り組んだり，生徒会の組織を活用した学校行事運営上の役割に取り組んだりできるようにする。

　(iii)　他の生徒と協力して，学校行事に協力する活動に取り組むことを通して，学校生活の充実と向上を図ろうとする態度を養う。

③ **ボランティア活動などの社会参画**

内容は「地域や社会の課題を見いだし，具体的な対策を考え，実践し，地域や社会に参画できるようにすること」である。その実現のた

めに育成すべきことは，以下の３点である。
  (i) よりよい地域づくりのために自分たちの意見を生かし，主体的に社会参画するために必要なことを理解し，仕方を身に付ける。
  (ii) 地域・社会の課題を解決するために，生徒会の組織を生かして取り組むことができる具体的な対策を考え，主体的に実践することができる。
  (iii) 地域・社会の形成者として，地域や社会生活をよりよくしようとする態度を養う。

2　指導計画の作成と内容の取扱い，全体指導計画例

(1)　指導計画の作成

① **作成の手順**
  (i) 生徒会活動の目標と内容を踏まえ，学校全体としての生徒会活動の指導の構想を明確にする。
  (ii) 本年度の生徒会活動の基本方針や組織とその運営方法を明確にする。
  (iii) 活動のための場所や時間，予算の決定と執行方法を明確にする。
  (iv) 活動ごとの年間計画を作成する。
  (v) 教職員の指導体制を明確にする。

② **留意事項**
  (i) 学習指導要領に示された３項目(1)〜(3)の内容は，指導計画に適切に位置付けること。
  内容(1)生徒会組織づくりと生徒会活動の計画や運営
  内容(2)学校行事への協力
  内容(3)ボランティア活動などの社会参画
  (ii) よりよい生活を築くために自分たちできまりをつくって守る活動などが生徒の活動計画に適宜取り入れられるように配慮するこ

と。
(iii) 異年齢集団による活動や交流の機会を通して，協働することや他者の役に立ったり社会に貢献したりすることの喜びを得られる活動を充実すること。
(iv) 教職員の協力体制を確立し，活動内容に応じてボランティア活動，家庭や地域の人々との交流などの社会体験等を積極的に取り入れていくこと。

③ 生徒会活動の指導計画

学校規模をはじめ，教職員の組織や校務分掌，施設・設備などの諸条件や地域社会の実態を考慮したものとする。また，生徒の実態を十分に把握しながら，特別活動の全体計画に記載した重点目標の具現化を目指し，指導の内容，指導の方法，活動の方針などを明確にしたものにする。

(2) 内容の取扱い

教師の適切な指導の下，指導内容の特質に応じて，次の①〜③の留意点を押さえることが大切である。
① 生徒の自発的，自治的な活動が効果的に展開されるようにする。
　ア　集団としての意見をまとめるなどの話合い活動
　イ　自分たちできまりをつくって守る活動
　ウ　人間関係を形成する力を養う活動
② 内容相互の関連を図るようにする。
③ 異年齢集団による交流も計画的に実施できるようにする。
　ア　生徒総会や各種の委員会など校内における「異年齢集団による交流」
　イ　地域のボランティア活動への参加など生徒の学校生活全体の充実・向上に結び付くような校外の活動

特にボランティア活動や地域の人々との幅広い交流など社会貢献や社会参画に関する活動は，生徒が地域社会の形成者であることの自覚

と役割意識を深め，人間尊重の精神に立って社会の中で共に生きる豊かな人間性を培うとともに，自分を見つめ直し，自己実現に向かって人生を切り拓く力を育む上で大切な活動として取り扱うこととする。

(3) 全体指導計画・年間指導計画例
① 全体計画例
（ⅰ）組織図等

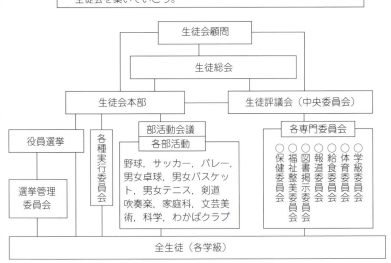

ぜひこの機会に、各教科編も続々発刊中！ 周りの先生方と併せてお申込みください。

平成29年改訂 中学校教育課程実践講座【全13巻】

セット定価 **25,272円** (8%税込・送料サービス)／各巻定価 **1,944円** (8%税込・送料300円)

お申込先FAX:0120-953-495

- □総則★
- □国語★
- □社会
- □数学
- □理科★
- □音楽★
- □美術
- □保健体育★
- □技術・家庭★
- □外国語★
- □総合的な学習の時間★
- □特別活動★
- □特別の教科 道徳

□平成29年改訂 中学校教育課程実践講座 セット

※3,000円以上のご注文で送料サービス！ ※この申込書は、書店ではお使いいただけません。

平成　　年　　月　　日

◎ 上記「個人情報の取り扱いについて」に同意し、上記図書を申し込みます。

該当に○をつけてください　【公費・私費】

送本先住所	〒　　－　　　　　（必ず都道府県からご記入願います）
フリガナ	
送本先名称	TEL:（必ずご記入願います）
フリガナ	
学校名	（送本先がご自宅の場合はご記入願います。学校にお送りする場合は、空欄のままお送りください。）
	ご担当者名
メールアドレス	＠
通信欄	

■ 個人情報の取り扱いについて
【利用目的】ご注文に関するお客様への連絡、配送、代金の請求及びメール等による商品のご案内に利用させていただきます。
【第三者提供】お預かりしたお客様の個人情報の第三者への提供はありません。
【委託】利用目的の範囲内で業務を行うために、個人情報の取扱いを委託する場合があります。
【個人情報提供の任意性】個人情報の提供はお客様の任意となりますが、商品のお届けなどに誤りが生じないよう、正確にご記入願います。
【開示等のお求めに応じる手続き】利用目的の通知、開示、内容の訂正、追加又は削除、利用の停止、消去等をお求めの際は、次の窓口にお問い合わせください。
【個人情報相談窓口】株式会社ぎょうせい　出版営業部　営業課　電話03-6892-6562　受付時間　平日9時～17時
【個人情報保護管理者】情報管理担当執行役員

・支払方法：請求書類をお送りいたしますので、郵便局又は銀行からお振込みください。
・送本にかかる日数は通常約3～4日です。

【お問い合わせ】株式会社ぎょうせい　営業課：細川　Tel:03-6892-6554　フリーFAX:0120-953-495　(H30.01)

第4節　生徒会活動

(ii)　年間の生徒会活動計画

月	生徒会が関わる行事	生徒会役員会	生徒評議会	各種委員会	指導上の留意点	学級との関連
4	新入生歓迎会 生徒会オリエンテーション 自問清掃朝会 各種委員会	○生徒会の活動計画作成 ○生徒会行事の役割分担 ○生徒会新聞発行	○活動計画の報告・審議 ○諸問題の検討・解決（毎月）	○委員会発足 ○委員長等の選出 ○活動計画作成	○役職は立候補など主体的に決定できるようにする。 ○学校生活の充実と改善向上を意識して計画を作成させる。	○委員の選出 ○生徒会行事への参加

〈作成・活用上の留意点〉
○小学校との連携，道徳科との関連を図るとともに，年間を見通した意図的な活動を行い，準備や当日の活動などを計画的にできるよう工夫することが必要である。
○他の学校などとの交流や，ボランティア活動を通して地域との連携を深めるなど，社会参画を意識させた取組を行い，広がりのある活動を進めるが大切である。

②　年間指導計画例　（福祉整美委員会年間指導計画）

ねらい	○福祉への関心を高め，よりよい取組ができるようにする。 ○清掃活動への取組を見直し，よりよい活動ができるようにする。
主な活動	○＊トイレ・流しの点検・清掃（毎週）＊伊奈の里訪問＊キャップ回収＊ユニセフ募金＊赤い羽根募金＊書き損じはがき集め＊落ち葉はき＊自問清掃啓発（自問清掃実行委員）

月	活動内容	指導上の留意点
4	・組織づくり…自己紹介 ・正副委員長の選出 ・年間活動計画の作成・予算案の作成 ・活動内容の分担	・学級の代表という自覚をもたせる。全校の代表であるという意識で活動に参加できるように意欲付けをする。 ・生徒の創意工夫を生かした自発的，自治的な内容となるような活動内容にする。
5	・トイレ・流し・清掃用具の確認 ・交流給食の運営 ・清掃朝会の運営 ・ペットボトルキャップ回収・自問清掃の呼びかけ・伊奈の里訪問・緑の羽根募金	・年間を通した活動内容と時期に応じた活動内容を分けて位置付ける。 ・福祉施設への訪問を委員会から全生徒へ呼びかけしてボランティアを募るなど工夫させる。

〈作成・活用上の留意点〉
○教師の適切な指導の下で，生徒が主体的に計画を立て，実施できるような活動にする。
○家庭や地域との交流を意識した活動を取り入れ，生徒の安全面にも注意しながら，計画・実施を進める。

③ 小中学校間連携の指導計画例（小中交流会　生徒会本部会）

1　活動のねらい
(1) 中学校生活や生徒会活動の様子について，小学生に説明することを通して，自分たちの活動を振り返る機会とするとともに，中学校生活のよさを分かりやすく紹介する企画力を身に付けさせる。
(2) 生徒全員で小学生を迎えるという気持ちを持ち，自分たちの学校のよさや活動の紹介を発表できる機会とする。

2　実施計画
(1) 開催時期　２月下旬から３月初旬の２回（小学校で１回，中学校で１回の実施）
(2) 事前の活動
　① 教師の適切な指導の下，○○中学校のよさやいろいろな活動の紹介の仕方を工夫する。
　② 学級・委員会・部活動等で小学生を迎えるための心構えや当日までの準備を確認する。
(3) 当日の活動内容　司会進行，会場準備などは，生徒会役員が行う。
　① 中学校での内容（活動例）
　・開会のことば・生徒会長からのことば・授業参観等・部活動見学・閉会のことば
　② 小学校での内容（活動例）
　・開会のことば・生徒会長からのことば・中学校の紹介（授業・生活・部活動など）・質疑応答・閉会のことば
(4) 事後の活動
　① 小学校からのお礼の手紙を掲示して，自分たちの活動を振り返るとともに，新年度に新入生を迎えるための準備を行う。

3　指導上の留意点
(1) 小学校での実施は生徒会本部役員のみの参加であるが，中学校では全生徒で小学生を迎えるための準備を計画的に実施していく。
(2) 事前に小学生にアンケートをとるなどして，内容の検討から運営の企画まで，生徒の主体的な活動となるようにする。

3　指導事例

[(1)　生徒会の組織づくりと生徒会活動の計画や運営]

⑴　事例　全員が主体的に臨む生徒総会

① 活動と主なねらい

「全員が主体的に臨む生徒総会」

よりよい学校生活づくりのために全員が主体的に話合い活動に参加し，全校生徒での合意形成から１年間の生徒会活動を充実させる。

② 育てたい力

目標(1)	目標(2)	目標(3)
集団活動の意義や活動上の必要事項の理解と行動の仕方（知識及び技能）	生活や人間関係の課題の発見と解決のための話合い，合意形成，意思決定（思考力，判断力，表現力等）	人間関係等のよりよい形成，生き方の深化と自己実現を図ろうとする態度（学びに向かう力，人間性等）
学校の一員としての役割や話合いの進め方を理解し，望ましい行動をしようとしている。	学校の諸課題を主体的に捉え，自他を尊重しながら話し合い，建設的な発言をしている。	学校の一員としての自覚をもち，他者と協働して実践に取り組んでいる。

③ どのように学ぶか

(1) 展開（主体的・対話的で深い学び）
- 生徒会役員会が主体となって，議案や企画を作成する。［目標(2)］
- 生徒総会の議案書を基に，学級での話合いを実施する。［目標(2)］
- 学級で出された意見や要望を各専門委員会や生徒評議会等で話し合い，具体的な改善策等を出して生徒総会につなげる。［目標(2)］
- 生徒総会では話合いの活性化を図りコの字型等に座る。［目標(1)］
- 承認された内容は，専門委員会等が主となって実践する。［目標(3)］

(2) 指導上の留意事項
- 特定の生徒のみが活躍するのではなく，全員の参画意識を高める。
- 一人一人の主体性の向上のため，多様な集団での話合いを行う。
- 提案について前向きに捉えさせ，生徒には建設的な意見を求める。
- 生徒会組織の在り方を踏まえ，合意形成に至る手順を伝える。
- 学級での話合いは決定の場ではなく，一人一人の意見や要望を漏れなく集約する場とする。ただし，解決できるものは解決してもよい。
- 決定事項の重みを伝え，全員協働の下，実践を確実に進める。

(3) 資料・教材
- 生徒総会までの計画を共通理解するための掲示物や生徒会通信
- 全学級で実施する際の，学級での話合いの進め方やその事前指導

資料
・生徒総会議案書（学級での話合いまでに作成する）
・当日の雰囲気を高めるための張り紙や名札，提示資料等

④ **カリキュラム・マネジメントの視点から**
(1) 各教科との関連

【社会】〔公民的分野〕　A私たちと現代社会

　社会生活における物事の決定の仕方，きまりの役割について多面的・多角的に考察し，表現すること。（第3学年）

(2) 特別活動の各活動・学校行事との内容相互の関連

　学級活動(1)アやイにおいて，学級内での生活上の諸問題の解決や組織づくり等に伴う話合い活動の充実に努める。その際に，合意形成の方法や意義，決定事項の実践の重要性も伝えていく。

(3) 道徳科の内容との関連

　C(15)〔よりよい学校生活，集団生活の充実〕　集団の一員としての自覚をもち，協力し合い，よりよい校風をつくるとともに，集団における自分の役割等を自覚し，集団生活の充実に努める態度を育てる。

(4) 家庭・地域との連携，生徒指導との関連など

　生徒会活動の計画や実践について，各種通信や掲示物，ホームページ等を有効に用い，積極的に広報活動に努め，生徒の活躍を称賛する。

【参考文献】
○国立教育政策研究所教育課程研究センター「学級・学校文化を創る特別活動（中学校編）」2016年3月

[(2) 学校行事への協力]

⑴ **事例　生徒が自主的，実践的に取り組む体育祭**
① **活動と主なねらい**
「生徒が自主的，実践的に取り組む体育祭」
体育祭に関わる取組の中に，生徒が自主的・実践的に活動できる機会を可能な限り設けることで，自治的活動の推進を図る。

② **育てたい力**

目標⑴	目標⑵	目標⑶
集団活動の意義や活動上の必要事項の理解と行動の仕方（知識及び技能）	生活や人間関係の課題の発見と，解決のための話合い，合意形成，意思決定（思考力，判断力，表現力等）	人間関係等のよりよい形成，生き方の深化と自己実現を図ろうとする態度（学びに向かう力，人間性等）
教師の適切な指導の下，自治的活動の範囲や望ましい行動について理解し，行動しようとしている。	多様な集団での話合いや実践において，体育祭がよりよくなるための視点で発言や行動に努めている。	異年齢での集団活動における他者との関わりの中で積極的に自己のよさを発揮しようとしている。

③ **どのように学ぶか**
⑴ 展開（主体的・対話的で深い学び）
・生徒会役員会で，体育祭をよりよくする方策を検討する。［目標⑵］
　（例：生徒会主催種目，横断幕や応援グッズ作成，応援賞）
・アンケート等を活用し，全校生徒からのアイディアの集約や周知を踏まえ，生徒総会や生徒評議会にて決定する。［目標⑵］
・学級委員会や部長会，専門委員会等の組織を生かす。［目標⑶］
・生徒朝会や生徒会通信等，多様な方法で振り返りを行う。［目標⑴］

⑵ 指導上の留意事項
・教師の計画に基づく学校行事への「協力」であることに留意する。
・自治的活動の範囲を明確にして話合い等を進める。
・全校が対象ゆえに，「個を生かす」集団活動への視点を押さえる。
・実際の競技等が一部の生徒になっても，全員が何らかに関わる。

・安全面や運営面においては，保健体育科等との十分な連携を図る。
・異年齢での集団活動，地域・保護者との協働にも視点をおく。

(3) 資料・教材
・全校生徒を対象とするアンケート等
・情報を共有するための生徒会通信や掲示物，その他会議資料
・決定した企画に伴う材料等（例：オリジナルのバトン，生徒会からの賞状，うちわ・お守り・横断幕などの応援グッズ　等）

④ **カリキュラム・マネジメントの視点から**

(1) 各教科との関連

【保健体育】〔体育分野〕　H体育理論

　運動やスポーツの多様性を理解することや，その意義や効果，学び方や安全な行い方についての理解をすること（1，2学年）。

(2) 特別活動の各活動・学校行事との内容相互の関連

　学級活動(1)アに関連して，体育祭に向けた学級での取組の仕方等について，話合い活動と実践の充実を図る。また，それぞれの集団における振り返りを適切に行い，次への活動意欲の向上につなげる。

(3) 道徳科の内容との関連

　B(9)〔相互理解，寛容〕　自分の考えや意見を相手に伝えるとともに，自他の個性や立場の尊重と多様な見方や考え方を理解し，寛容な心で謙虚に他に学び，自らを高めていこうとする態度を養う。

(4) 家庭・地域との連携，生徒指導との関連など

　生徒一人一人に役割を与え，意思決定のできる機会を設定する。行事特有の生徒の活躍する姿を，機を逃さず称賛する。また，地域・保護者へ学校のよさが直接伝わるよう，学校が一丸となって行う。

【参考文献】
○国立教育政策研究所教育課程研究センター「学級･学校文化を創る特別活動（中学校編）」2016年3月

[(3) ボランティア活動などの社会参画]

⑴ 事例　地域に根差すボランティア清掃活動
① 活動と主なねらい
「地域に根差すボランティア清掃活動」

生徒一人一人が地域・社会の一員であることを自覚し，自主的・自発的にボランティア清掃に取り組み，社会参画意識を高める。

② 育てたい力

目標⑴	目標⑵	目標⑶
集団活動の意義や活動上の必要事項の理解と行動の仕方（知識及び技能）	生活や人間関係の課題の発見と，解決のための話合い，合意形成，意思決定（思考力，判断力，表現力等）	人間関係等のよりよい形成，生き方の深化と自己実現を図ろうとする態度（学びに向かう力，人間性等）
地域・社会の一員であることを理解し，自分たちにできることを考え，実行しようとしている。	地域・社会への貢献の仕方について話し合い，自主的・自発的に清掃活動に取り組もうとしている。	生徒同士や地域・社会の人との異年齢集団活動を通して，よりよい人間関係を形成しようとしている。

③ どのように学ぶか
⑴ 展開（主体的・対話的で深い学び）
- 生徒総会に向けた生徒会役員会にてボランティア活動への視点を踏まえた１年間の計画づくりの話合いを行う。［目標⑵］
- 生徒総会や生徒評議会での承認を経て，ボランティア隊への参加者を募り，自主的・自発的な活動の推進の環境を整える。［目標⑵］
- 校内でのボランティア活動を契機に，少しずつ視点を地域・社会へと移行させ，その取組内容等について随時話し合う。［目標⑶］
- 年間を通して実践可能な活動の在り方を考える。［目標⑴］（例：夏祭り後の地域清掃，通学路環境整備，小学校との連携　等）

⑵ 指導上の留意事項
- 生徒一人一人の自主性と自発性を大切にして活動を進める。
- 活動の幅を広げる際に，安全面を重視した計画に留意する。

・教職員にもボランティアを募るが，負担面に配慮する。
・広報活動を積極的に行い，生徒の頑張りを多様な方法で発信する。
・生徒へのねぎらいや称賛を欠かさない（ボランティアの特性には留意）。

(3) 資料・教材
・ボランティア隊組織関係（申込書，ポスト，掲示コーナー　等）
・ボランティア隊のグッズ（名称，隊員証，バッジや腕章　等）
・ねぎらいや称賛のための道具（善行賞，感謝状　等）

④ **カリキュラム・マネジメントの視点から**
(1) 各教科との関連
【技術・家庭】〔家庭分野〕　A家族・家庭生活
　家族関係をよりよくする方法及び高齢者など地域の人々と関わり，協働する方法について考え，工夫すること。

(2) 特別活動の各活動・学校行事との内容相互の関連
　学級活動(3)イの内容において，社会参画意識の醸成や勤労観・職業観の形成がさらに深まるように年間指導計画に基づいて授業を行う。また，日常的な当番活動等の中でも育てたい力を意識した指導に努める。

(3) 道徳科の内容との関連
　C⑿〔社会参画，公共の精神〕　社会参画の意義と公共の精神をもってよりよい社会の実現に努める態度を育てる。
　C⒀〔勤労〕　勤労の尊さや意義を理解し，将来の生き方について考えを深め，勤労を通じて社会に貢献しようとする態度を育てる。

(4) 家庭・地域との連携，生徒指導との関連など
　積極的な生徒指導の中心的な場面と捉え，生徒に共感的に寄り添う中で，自己有用感や所属感の醸成にも視点をおく。

【参考文献】
○ 国立教育政策研究所教育課程研究センター「学級・学校文化を創る特別活動(中学校編)」2016年3月

第5節 学校行事

1 目標と内容

(1) 学校行事の目標

　学校行事は，全校または学年という大きな集団を単位として，日常の学習経験を生かし，生徒が喜びや苦労を分かち合いながら協力する体験的な活動である。学級や学年の枠を越えたダイナミックな活動にすることができ，家庭や地域からの協力も得て，生徒の学校生活の充実や発展，伝統やよりよい校風づくりにも寄与し，豊かな学校文化を創造することにもつながることが学校行事の特質である。

　今回の改訂で，学校行事における目標において，よりよい学校生活を築くための体験的で実践的な活動に重きが置かれるとともに，「人間関係形成」「社会参画」「自己実現」の三つの視点を踏まえた資質・能力を育てることが明確化された。これらの視点を踏まえ，「知識及び技能」「思考力，判断力，表現力等」「学びに向かう力，人間性等（主体的に学習に取り組む態度）」の三つの要素で計画・指導・評価まで行うことが求められる。

　学校行事には，学校全体を巻き込む規模の大きさや当日に向けた準備の長さ，学校外とも密接に関連した非日常での体験的な活動という特質がある。これらを踏まえ，教育課程全体の中で教科横断的に目標を設定し，相互の関連を意識した教育活動を展開することが求められる。加えて，小学校から中学校への接続にとどまらず，高等学校までを視野に入れた系統性を考慮した目標を立てることも重要である。

(2) 学校行事の内容

　学校行事の内容は，学校生活に秩序と変化を与え，学校生活の充実と発展に資する体験的な活動でなければならない。各行事が異なる意義や目標をもち，育成される資質・能力やその過程も様々である。それぞれの活動を通して，それぞれの学校行事の「意義（趣旨）」や「活動を行う上で必要となること」をまず教師が十分理解して指導を行い，生徒がその理解の上で「主体的に考えて実践できること」が重要なポイントである。各学校の実態や地域の実情を踏まえて行うことも重要だが，同時に形骸化やマンネリ化をしないように常に「意義」を明確にして，PDCAサイクルを確立させることが必要不可欠となる。その際，各行事の関連や統合を全教職員で考え，精選して実施することが求められる。他の教育活動と相まって中学校教育の目標の達成を目指し，学校組織全体で指導に当たる視点も大切である。

① 儀式的行事

　入学式，卒業式，始業式，終業式，修了式，離任式，立志式，周年行事など

　これらの行事は，全校生徒と教職員が一堂に会し，学校生活の節目となる大切なものである。生徒が厳粛かつ清新な気分を味わい，これまでの生活を振り返り，新しい生活へ期待をもてるようにする。また，できる限り生徒会と連携することや，絶えず行事の内容に工夫を加えることで，生徒が主体的に行事を受け止め，参加意欲を高めることにつながり，これらの行事の教育効果を高めていく。

② 文化的行事

　文化祭，音楽会，学習発表会，音楽鑑賞会など

　これらの行事は，生徒の日頃の学習活動の成果を発表したり，互いに努力を認めながら協力してよいものをつくり出したりして，自他のよさを見つけ合うことが大きなねらいである。様々な文化的活動を通して，個性を伸ばし，自主性や創造性を高めるとともに，集団活動の

成就感や達成感，異学年相互の交流による学校全体の連帯感なども味わうことができる。その際，生徒の発達の段階や実態に配慮することや，事前準備等において生徒に過重な負担がかからないように配慮することなども必要である。

③ **健康安全・体育的行事**

健康診断，薬物乱用防止指導，避難訓練，体育祭，球技会など

これらの行事は，生徒の心身の健全な発達や健康の増進を図るとともに災害等の非常時に自他の身を守ることの意義を理解し，必要な行動の仕方などを身に付ける。その際，行事の意義や参加の心構えを生徒に深く理解させ，活動の意欲を高めるように工夫することが必要である。安全や健康上，さらには障害のある生徒への配慮を欠かすことなく，小中の連携や家庭や地域との結び付きにも留意して指導する。

④ **旅行・集団宿泊的行事**

遠足，修学旅行，野外活動など

これらの行事は，校外の豊かな自然や文化，社会に触れる体験を通して，平素の学習活動を充実・発展させる。各行事で目的やねらいを明確にした上で，教科横断的な指導を通して事前や事後の学習の計画を立てることが必要である。生徒の自主的な活動の充実も図るとともに，あらゆる事態を想定した対応策や事故防止策を練り，万全な配慮をする。

⑤ **勤労生産・奉仕的行事**

職場体験，上級学校訪問，地域社会への協力やボランティア活動など

これらの行事は，生徒の望ましい勤労観や職業観を深め，ボランティア精神を養い，豊かな心の育成や社会的・職業的な自立を目指すものである。その実施に当たっては，生徒の発達の段階や学校の実態に即して各行事の目的やねらいを明確にすること，また，職場体験については学校教育全体を見通したキャリア教育の視点に立った有意義な体

2 指導計画の作成と内容の取扱い，年間指導計画例

(1) 学校行事の指導計画の作成に当たっての配慮事項
○学校や地域の実態，生徒の発達の段階などを考慮した上で，学校の創意工夫を生かしているか。
　→中学校の教育課程の中で，学校行事の五つの内容すべてを扱う。特色ある学校行事，学校づくりを進める観点に立って行事を精選し，重点化や行事間の関連・統合を図っていくことが求められる。
○生徒の主体的・対話的で深い学びの実現を目指した体験的な活動が助長されるものであるか。
　→学校行事においては，活動単位が学年や学校全体と大きくなるので，生徒一人一人が主体的に参加できるような指導の改善が必要である。また，行事の体験的な活動を通して，異年齢生徒や障害のある生徒を含めた多様な他者と協働したりすること，行事の計画から準備，事後の振り返りに至るまでの実践過程で，「見方・考え方」を働かせるような指導を行うことが求められる。
○各教科，道徳科及び総合的な学習の時間などとの関連や横断を図り，カリキュラム・マネジメントの実現を目指したものであるか。
　→学校行事は，全教職員が共通して指導に当たる特質をもつことから，カリキュラム・マネジメントの必要性について共通理解を図り，明確な位置付けの下に行事の指導に当たることが求められる。PDCAサイクルを確立し，学校や地域の実態に即した教育活動の指導改善を続けることも重要である。
○家庭との連携，地域の人的・物的資源の有効な活用など，指導過程において，社会に開かれた教育課程の実現を目指したものになっているか。

→学校行事は，社会に開かれた教育課程を実現する上で，その中核を担うものである。育成すべき資質・能力の一つ「社会参画」の視点に立ち，各行事の意義や趣旨を明確にして充実・発展を図ることが求められる。子供たちが地域へ出て行くことで，生きて働く資質・能力となっていく。

(2) 学校行事の内容の取扱いについて

○ 道徳教育の重点などを踏まえ，各学年において取り上げる指導内容の重点化を図るとともに，必要に応じて，内容間の関連や統合を図ったり，他の内容を加えたりすることができること。

→各学校の目指す生徒像や教育理念，生徒の実態などの実情に応じて，道徳教育の重点を踏まえた指導の重点化を図ることが求められる。各行事が目指す資質・能力を明確にし，そのねらいを達成できるようにするとともに，行事間の関連も明確にし，各行事で育つ資質・能力が別の行事や教育活動で生きるような指導が大切である。

○ 異年齢集団による交流を重視するとともに，幼児，高齢者，障害のある人々などとの交流や対話，障害のある幼児児童生徒との交流及び共同学習の機会を通して，協働することや，他者の役に立ったり社会に貢献したりすることの喜びを得られる活動を充実すること。

→学校行事は，学級や学年を越えて，異学年の生徒が交流したり，協力・協働したりすることが特質の一つである。多様な他者との協働場面を意図的に設定し，その活動を通して自分が集団で有用であることを実感するとともに自信をもつ機会となる。このような自己有用感や自尊感情を体得できるような指導の工夫が求められる。

○ 入学式や卒業式などにおいては，その意義を踏まえ，国旗を掲揚するとともに，国歌を斉唱するよう指導するものとする。

→入学式や卒業式は，学校生活に有意義な変化や折り目を付け，厳

粛かつ清新な気分を味わいながら,新しい生活への期待をもたせる学校行事である。学校や社会,国家への所属感を深める上でよい機会となる。このような意義を踏まえ,国旗掲揚や国歌斉唱の指導が規定されている。この指導に当たっては,社会科での指導との関連を図り,正しい認識に基づいた態度の育成も求められる。

(3) 学校行事の年間実施計画表例

学期	月	儀式的行事				文化的行事				健康安全・体育的行事				旅行・集団宿泊的行事				勤労生産・奉仕的行事			
		内容	学年別実施時数			内容	学年別実施時数			内容	学年別実施時数			内容	学年別実施時数			内容	学年別実施時数		
			1	2	3		1	2	3		1	2	3		1	2	3		1	2	3
1	4	入学式 始業式 離任式	2 1	2 1 1	2 1 1	対面式 部活動オリエンテーション	1 1	1 1	1 1	身体測定 健康診断	1 2	1 2	1 2								
	5									避難訓練 強歩大会	1 5	1 5	1 5								
	6									交通安全教室	1	1	1	修学旅行			17	職場体験活動		25	
	7	終業式	1	1	1																
2	9	始業式	1	1	1					体育祭	5	5	5								
	10					合唱祭	5	5	5									地域清掃	2	2	2

○学校教育目標や目指す生徒像,その年度の指導の重点の具現化を図るため,学校行事の各内容のバランスを十分検討する必要がある。

○職場体験活動は,キャリア教育における重要な位置付けにあり,学校の実態や生徒の発達の段階を考慮しつつ5日間程度実施することが望ましい。

○社会に開かれた教育課程の実現のため,学校内にとどまらず地域の人的・物的資源を積極的に活用したり,学校行事を地域の人々に公開するために実施期日を考慮したりすることも必要である。

○学校行事の準備や片付け等で生徒に過重な負担がかからないように,内容を十分検討する。

（4） 学校行事の年間指導計画例

月	行事名	目標	内容	指導上の留意点	他の教育活動との関連・統合・重点化・地域との連携	学年	時数
4	入学式・始業式	中学校入学の感激を味わうとともに，中学生としての自覚をもたせる。	・開式の言葉 ・国歌斉唱 ・新入生呼名 ・学校長式辞 ・教育委員会式辞 ・来賓祝辞 ・歓迎の言葉 ・誓いの言葉 ・校歌斉唱 ・閉式の言葉	・厳粛で清新な雰囲気で進行し，場にふさわしい礼儀や規律を指導する。 ・新入生，在校生それぞれの立場で決意を新たに新しい生活へ期待や希望をもてるような動機付けを行う。 ・国旗を掲揚し，国歌を斉唱する。	・保護者や地域の方々とのつながりを意識し，相互に意義深い行事にする。（地域との連携） ・前年度の卒業式や修了式での取組との関連を図り，系統的な指導を実践する。（関連） ・始業式と統合して行う。（統合）	全	2
5	避難訓練（小中合同引き渡し訓練）	大規模な震災等についての理解を深め，自他の身の安全確保や必要な行動の仕方などを身に付けさせる。 小中が連携し，保護者への迅速な安否報告と効率的な引き渡しができるようにする。	・震災発生，避難 ・兄弟姉妹の状況ごとに再整列 ・各小学校へ移動 ・兄弟姉妹と合流 ・保護者への引き渡し	・兄弟姉妹の事前把握を小学校と十分行っておく。 ・あらゆる事態を想定して，災害から身を守る指導を充実させる。 ・引き渡しカードの扱いについては，個人情報保護の観点から十分注意する。	・学区内小学校との連携を密にして共通理解のもとに行う。（小中の連携） ・地域の方々への協力も要請する。（地域との連携）	全	1
10	合唱祭	学級での体験的な活動を通して，合唱の喜びや成就感，連帯感を味わい自他のよさを認められるようにする。 豊かな学校文化の継承や創造に寄与しようとする態度を育てる。	・開会式 ・学年，クラス発表 ・全校合唱 ・閉会式	・保護者や地域に行事を公開し，地域からも期待される行事とする。 ・各学級で生徒の主体的，自主的な取組になるよう留意する。	・文化的行事の統合を図り，音楽会に重点を置いて学校のシンボル的行事として新たな伝統とする。（統合・重点化） ・地域にも公開する行事とし，審査員として地域の人材を生かす。（地域との連携）	全	4
2	校外学習	校外の歴史的文化遺産に触れることを通して，豊かな心を育む。日常とは異なる環境で，生徒が助け合い，協力	・出発式 ・班行動 ・昼食 ・班行動 ・帰着式	・学級活動などにおいて，目的や日程，活動内容などについても指導を十分行い，生徒が主体的に参加できる	・訪問先の教育施設等の積極的な活用を図る。（地域との連携） ・事前学習で歴史的文化遺産を調べ，社会科との	2	6

第5節　学校行事

	し合いながら安全に活動を行うことを通して，よりよい人間関係を形成しようとする態度を育てる。		ようにする。 ・安全指導を徹底し，不測の事態の対応を事前に十分検討する。		関連を図る。 （他の教育活動との関連）

3　指導事例

(1)　儀式的行事

①　学校行事と主なねらい

〈卒業式〉

　中学校生活の節目の場となるような厳粛で清新な雰囲気の中で，学校への愛着（愛校心）と感謝の気持ちを実感させ，行動に表すとともに，在校生に卒業を祝う気持ちをもたせ，それぞれの新しい生活への希望や意欲につなげようとする態度を養う。

②　育てたい力

目標(1)	目標(2)	目標(3)
集団生活の意義や活動上の必要事項の理解と行動の仕方（知識及び技能）	生活や人間関係の課題の発見と，解決のための話合い，合意形成，意思決定（思考力，判断力，表現力等）	人間関係等のよりよい形成，生き方の深化と自己実現を図ろうとする態度（学びに向かう力，人間性等）
卒業式の意義を理解し，その場にふさわしい礼儀やマナーなどの規律，気品ある行動の仕方を身に付け，行動しようとしている。	愛着や感謝の気持ち，祝福の気持ちについて考え，他者と共感しながら，主体的に判断し，自己実現につなげようとしている。	卒業式への主体的な取組を通して，自分を支えてきた人々への感謝の気持ちをもってよりよい人間関係を築き，希望や意欲をもってよりよく生きようとしている。

③　どのように学ぶか

(1)　展開（主体的・対話的で深い学び）

　・学級活動等で，卒業式に向かう態度について教師が指導する。［目標(1)］

　・学校への愛着や感謝の気持ちについて自らの意見を発表し，話し

合う。［目標(2)］
- 卒業生への祝福メッセージを作成し，贈る。［目標(2)(3)］
- 感謝の気持ちを合唱で表すため，帰りの会等で練習を重ねる。［目標(2)］
- 卒業生が学校への貢献活動（清掃活動など）を主体的に考え，実践する。［目標(2)(3)］
- 卒業文集の作成について話し合い，中学校生活を振り返るとともに，作成時の他者との協働を通して，自己有用感や学級への所属感を高める。［目標(2)(3)］
- 卒業式を節目として，今まで支え育ててきてくれた家族への感謝の気持ちを表す手紙を書く。［目標(3)］
- 卒業式の事後指導として，在校生には感想やこれからの決意を書いたり発表したりする機会を設ける。［目標(3)］

(2) 指導上の留意事項
- 生徒一人一人が厳粛で清新な雰囲気づくりに貢献するよう，卒業式の意義を教師が十分説明する。
- 感謝の気持ちを表すのは，式中の態度と合唱であることを十分指導し，主体的に行事に取り組む姿勢を育む。
- 卒業生の学校への貢献活動や卒業文集の内容は，学級活動での話合いによって生徒が合意形成を図って決め，実践意欲を高める。
- 在校生からの感謝のメッセージも，学級活動での話合いによって生徒が合意形成を図って決め，実践意欲を高める。
- 合唱とともに，国歌や校歌の斉唱の指導も充実させる。

(3) 資料・教材
　過去の卒業文集

④ カリキュラム・マネジメントの視点から

(1) 各教科との関連

【音楽】 各学年の音楽表現

歌うことによる感動を味わい,気持ちを歌声に乗せて表現することの技能を学ぶ。

【国語】 各学年のＡ話すこと・聞くこと

互いの感謝の気持ちなどを言葉や文章で表現する技能を学ぶ。

(2) 特別活動の各活動との関連

卒業生については,学級活動の時間に話合いによって学校への貢献活動や卒業文集の内容について合意形成を図り,実践する。

在校生については,学級活動の時間に卒業生へ感謝と祝福の気持ちを表すメッセージを作成する。

卒業式前の「３年生を送る会」等で,生徒会が主体となって卒業生と在校生が互いに気持ちを表す場面を設ける。

(3) 道徳科の内容との関連

B(6)〔思いやり,感謝〕 他者の立場を理解し尊重しながら,助け合い協力し合うことで,思いやりの行動につながり,他者への感謝の念を抱くことにつながる。学校の先頭に立って引っ張ってきた卒業生への感謝,自分たちを支えてきてくれた在校生への感謝を軸に,それらを思いやりの行動で表すことの大切さを学ぶ。併せて,日頃から支えてくれる家族への感謝の気持ちをもたせる機会とする。

C(15)〔よりよい学校生活,集団生活の充実〕 自身が集団や学校のために役割や責任を果たしたり協力して生活したりすることによって,教師や学校の人々との信頼関係に基づく敬愛や感謝の念を抱き,豊かな学校文化の継承と学校への愛着につながる。卒業式前後に,よりよい校風づくりや集団生活の充実について考える機会をもつ。

(4) 家庭・地域との連携，生徒指導との関連など

在校生からのメッセージや卒業生の言葉を学校便りやインターネットのホームページ等で取り上げ，行事を通しての生徒の学びを学校外に広く知らせる。

式に臨む態度や身だしなみの指導を通して，日頃から規範意識をもつ生徒の育成に努める。

【参考文献】
○文部科学省「中学校学習指導要領解説」2017年6月・7月

(2) 文化的行事
① 学校行事と主なねらい
〈文化祭〉

学校生活を楽しく豊かなものにするため，生徒が互いに協力し合って日々の学習や活動の成果を発表する活動を通して，自他のよさを見付け合う喜びを感得するとともに，自己の成長を振り返り，自己を一層伸長させようとする意欲を高める。また，生徒が主体的に取り組む場や，異学年や保護者，地域の人たちとの交流の場を設定することにより，自主性や創造性を高めるとともに，豊かな人間関係を築こうとする態度を育てる。

② 育てたい力

目標(1)	目標(2)	目標(3)
集団活動の意義や活動上の必要事項の理解と行動の仕方（知識及び技能）	生活や人間関係の課題の発見と解決のための話合い，合意形成，意思決定（思考力，判断力，表現力等）	人間関係等のよりよい形成，生き方の深化と自己実現を図ろうとする態度（学びに向かう力，人間性等）
文化祭の意義や，他の生徒と協力して美しいものや優れたものを創りだして発表したり，他の生徒の発表を鑑賞したりする方法について理解している。	美しいものや優れたもの，自他のよさや自己の成長について考え，学校や学年及び地域の一員としての自覚をもって協働して活動に取り組んでいる。	文化や芸術，日頃の学習活動等に関心をもち，互いの努力を認め合い，自己を伸ばそうとする意欲をもって自主的，自律的に文化祭に取り組もうとしている。

③ どのように学ぶか

(1) 展開（主体的・対話的で深い学び）
- 体育大会の成果や課題を踏まえ，よりよい学校文化を築き上げていく観点から，全校生徒で文化祭のテーマを決定する。［目標(1)］
- 全校生徒で決めたスローガンに沿って，日頃の教科等における学習，部活動や生徒の興味・関心に基づく活動などの中から，文化祭で取り上げる内容について検討する。［目標(1)］
- 文化祭の中で行う合唱コンクールに向けての学級練習や，文化祭での発表に向けての吹奏楽や演劇等の練習の計画的な実施及び主体的な振り返り活動の実施を重視する。［目標(2)］
- 演劇や野点（のだて），地域の伝統芸能などにおいては，保護者や地域の専門家の指導を仰ぎながら，本物の文化や芸術に直接触れる体験を積極的に取り入れる。［目標(2)］
- 学校や学年，学級，部活動等の組織の一員としての自覚をもち，保護者や地域の人たちの前で，日々の学習や活動の成果を発表する。［目標(3)］
- 全校生徒で，準備段階を含め文化祭の振り返りを行い，成果と課題を明らかにするとともに，文化祭の成果を保護者や地域へ発信する方策や今後の学校生活の充実方策について考える。［目標(3)］

(2) 指導上の留意事項
- 文化祭で取り上げる内容の選定に当たっては，望ましい学校文化の創造の観点や，学校と地域との連携の観点を重視するとともに，生徒の日常の学習活動に重点を置き，事前の準備や事後の片づけ等において，生徒に過重な負担がかかることのないよう十分留意する。
- 合唱の指導においては，音楽が苦手な生徒がいることにも留意し，望ましい集団活動を展開する中で，学級集団への所属感，連帯感を深め，意欲的に合唱練習に取り組めるよう支援する。

- 効果的な練習を展開するために，振り返りの活動を重視する。
- 保護者や地域の人々のほか，必要に応じて企業と連携し，保護者や地域の人々，社会人と生徒の交流の場を設け，地域の伝統文化や先端技術など本物の文化や技術に直接触れる体験を大切にする。

(3) 資料・教材
- 昨年度の文化祭実施後のアンケート結果（生徒向け，保護者向け）の活用
- 文化祭のスローガン及び文化祭ポスターを作成し，校内及び公民館等市内各所に掲示
- 文化祭での展示作品等

④ **カリキュラム・マネジメントの視点から**

(1) 各教科との関連

【音楽】

主体的・協働的に表現及び鑑賞の学習に取り組み，音楽活動の楽しさを体験することを通して，音楽文化に親しむとともに，音楽によって生活を明るく豊かなものにし，音楽に親しんでいく態度を養う。

(2) 特別活動の各活動等との内容相互の関連

生徒会活動の内容「(2)学校行事への協力」を生徒の発達の段階に応じて最大限に生かす。また，学級活動(1)の「ウ　学校における多様な集団の生活の向上」において，学級として取り組むことを話合い，生徒の創意工夫を文化祭に生かす。

(3) 道徳科の内容との関連

C(15)〔よりよい学校生活，集団生活の充実〕　学級や学校の一員としての自覚をもち，協力し合ってよりよい校風をつくるとともに，様々な集団の意義や集団の中での自分の役割と責任を自覚して集団生活の充実を図る。

C(16)〔郷土の伝統と文化の尊重，国を愛する態度〕　野点や地域の伝統芸能に取り組むことを通して，郷土の伝統と文化を大切に

し，社会に尽くした先人や高齢者に尊敬の念を深め，地域社会の一員としての自覚をもって郷土を愛し，進んで郷土の発展に努めようとする態度を育てる。

B(9)〔相互理解,寛容〕　自分の考えや意見を相手に伝えるとともに，それぞれの個性や立場を尊重し，いろいろなものの見方や考え方があることを理解し，寛容の心をもって謙虚に他に学び，自らを高めていく。

A(3)〔向上心,個性の伸長〕　異学年や保護者,地域の人々など様々な人々と関わる中で自己を見つめ，自己の向上を図るとともに，個性を伸ばして充実した生き方を追求する。

(4) 家庭・地域との連携，生徒指導との関連など

　保護者や地域の人々や企業等に対し，文化祭のねらいや内容について周知を図り，PTAの協力の下，準備のときだけでなく振り返りにおいても生徒との交流の場を設ける。

　生徒の自主的，実践的な活動の場を重視し，自発性，自主性，自律性，主体性を高める。

【参考文献】
○山口満著「新版　特別活動と人間形成」学文社，2001年

(3) 健康安全・体育的行事

【事例①】

① 学校行事と主なねらい

〈体育祭（運動会）〉

　体育的な集団活動を通して，運動に親しみ体力の向上に積極的に取り組もうとする態度を育てるとともに，規律ある集団行動の仕方を身に付けさせる。また，全校縦割りブロックで行う異年齢集団活動を通して，自己の役割と責任を自覚させ，学校や所属するブロックへの所属感や連帯感を深めるとともに，互いに信頼し支え合おうとする人間

関係と自主的，自律的に行動しようとする態度を育てる。

② **育てたい力**

目標(1)	目標(2)	目標(3)
集団活動の意義や活動上の必要事項の理解と行動の仕方（知識及び技能）	生活や人間関係の課題の発見と解決のための話合い，合意形成，意思決定（思考力，判断力，表現力等）	人間関係等のよりよい形成，生き方の深化と自己実現を図ろうとする態度（学びに向かう力，人間性等）
体育大会の意義や本校の伝統について理解を深めるとともに，規律ある集団行動の仕方を身に付けている。	学校や学年，縦割りブロックの一員としての自覚をもち，安全で規律ある集団行動の仕方などについて考え，判断し，集団で協力して取り組んでいる。	運動することや規律ある集団行動のよさに関心をもち，運動に親しみ，仲間と協力して体力の向上に積極的に取り組もうとしている。

③ **どのように学ぶか**
(1) 展開（主体的・対話的で深い学び）
　・体育大会の意義や本校の体育大会の伝統について理解するとともに，上級生の経験を踏まえ，本年度の体育大会実施に当たっての課題を発見する。［目標(1)］
　・本校の体育大会の伝統を受け継ぎ，さらに発展させる観点から，全校生徒で課題の解決策を考える。［目標(2)］
　・全校縦割りの四つのブロック及び各ブロックのリーダーを，教師の支援の下，生徒が主体的に決める。［目標(2)］
　・生徒会本部役員と各ブロック長が中心となり，体育大会の全体像を構想し全校生徒に提案する。［目標(2)］
　・全校で決めたことを踏まえ，ブロックごとの協議や応援練習，実施後の振り返り活動に主体的に取り組む。［目標(3)］
　・学校や学年，縦割りブロックの一員としての自覚をもち，保護者や地域の人たちの前で，これまでの取組の成果を発表する。［目標(2)］
　・各ブロック及び全校生徒で，準備段階を含め体育大会の振り返りを行い，成果と課題を明らかにするとともに，今後の学校生活の

充実方策について考える。［目標(3)］
(2) 指導上の留意事項
　・規律ある集団行動の仕方を確認した上で，生徒の自主的，実践的な活動の場を保証する。
　・教師の支援の下，生徒会活動との関連を図りながら，生徒たちの手で全校縦割りの四つのブロックを編成させるとともに，各ブロックのリーダーを主体的に決めさせる。
　・学級活動における話合い活動の成果を，全校やブロックでの話合い活動に生かす。
　・異年齢集団活動においては，上級生の体験・経験や，下級生の柔軟な発想を生かす場を大切にする。
　・体育が苦手な生徒も，望ましい集団活動を展開する中で，興味をもって主体的に取り組めるよう支援する。
　・振り返りの場を毎時間確保し，主体的な取組が継続するよう留意する。
　・PTAと連携し，準備の段階から，保護者や地域の人々と生徒との交流の場を設け，日常の学習では得られない経験をさせる。
(3) 資料・教材
　・昨年度の体育大会実施後のアンケート結果（生徒向け，保護者向け）の活用
　・各ブロックで決めたきまりの掲示
　・競技で使用する用具等の制作

④ カリキュラム・マネジメントの視点から

(1) 各教科との関連
　【保健体育】
　運動における競争や協働の経験を通して，公正に取り組む，互いに協力する，自己の役割を果たす，一人一人の違いを認めようとするなどの意欲を育てるとともに，健康・安全に留意し，自己の最善を尽く

して運動をする態度を養う。
(2) 特別活動の各活動等との関連

　生徒会活動の内容「(2)学校行事への協力」を生徒の発達段階に応じて最大限に生かす。また，学級活動での話合い活動の成果を，ブロックや全体での話合い活動で発揮させるほか，体育大会の振り返りを学級や学年の掲示に生かす。

(3) 道徳科の内容との関連

　C(15)〔よりよい学校生活，集団生活の充実〕　学校や学級，ブロックの一員としての自覚をもち，協力し合ってよりよい校風をつくるとともに，様々な集団の意義や集団の中での自分の役割と責任を自覚して集団生活の充実を図る。

　B(6)〔思いやり，感謝〕　運動が苦手な友達がいることや，それぞれが役割を担っていることを自覚し，思いやりの心をもって人と接するとともに，友達の支援に対する感謝の心を育てる。

　A(3)〔向上心，個性の伸長〕　ブロックの目標を踏まえて自己の目標を設定し，自己の向上を図るとともに，集団活動を通して自己のよさの伸長を図る。

(4) 家庭・地域との連携，生徒指導との関連

　保護者や地域の人々に対し，体育大会のねらいや内容について周知を図り，PTAの協力の下，準備の段階から生徒との交流の場を設けるとともに，活動の振り返りについても協力を求める。

　生徒の自治的な活動の場を重視し，自発性，自主性，自律性，主体性を高める。

【参考文献】
○国立教育政策研究所教育課程研究センター「評価規準の作成，評価方法等の工夫改善のための参考資料（中学校特別活動）」2011年11月

【事例②】

① 学校行事と主なねらい
〈避難訓練〉

　避難経路や安全な避難の方法を理解し，指示に従って速やかに行動できるようにする。

　また，防災に対する意識の高揚を図り，安全に配慮する態度を養う。

② 育てたい力

目標(1)	目標(2)	目標(3)
集団活動の意義や活動上の必要事項の理解と行動の仕方（知識及び技能）	生活や人間関係の課題の発見と解決のための話合い，合意形成，意思決定（思考力，判断力，表現力等）	人間関係のよりよい形成，生き方の深化と自己実現を図ろうとする態度（学びに向かう力，人間性等）
避難訓練のねらいを踏まえて避難訓練や避難方法などの地震発生時の基本行動について理解している。	学級や学校の一員としての自覚をもち，地震発生時の安全な避難方法を考え，判断し，協働して実践している。	地震発生時の安全確保を中心とした防災に関心をもち，自主的，自律的に避難訓練に取り組もうとしている。

③ どのように学ぶか

(1) 展開（主体的・対話的で深い学び）

- 事前に学級活動で地震発生時の対応について話し合い，地震への危機意識を高め，適切な避難行動を考える。［目標(2)］
- 全校朝会や学年集会等の機会を設定し，校長や教頭，学年主任等からの講話で生徒の意識化を図る。［目標(3)］
- 小中合同での引き渡し訓練を行い，学校・保護者・地域が一体となって防災に関心をもち，訓練に参加できるようにする。［目標(2)］
- 地元の消防署と連携して専門的な立場から指導してもらうことで，消火訓練や避難はしごなどの体験活動を通して，主体的に取り組めるようにする。［目標(3)］
- 事後の学級活動では，学校生活以外での災害発生時の対応や果たす役割についても考えさせ，安全や危険予知について理解を深める。［目標(1)］

(2) 指導上の留意事項
- 震災が発生した場合の家庭・地域社会での中学生が果たす役割について考えさせる。
- 避難訓練実施当日までの学級活動や朝の会，帰りの会等で事前指導を済ませておき，直前の指導を行わずに訓練に入ることで，より危機意識を高める。
- 小中が連携し，兄弟姉妹を合流させることにより，保護者や引き取り者にいち早く安否を知らせ，かつ引き渡すことができるようにする。
- 体験活動では，普段の生活では体験できないこと，自分の目で見てくることなどを通して自分の考えを広げる。
- 振り返りを充実させることで，よりよい活動を目指して取り組めるようにする。

(3) 資料・教材
① 事前学習（ワークシート）

② 引き渡しカード

③委員会活動記録

④ **カリキュラム・マネジメントの視点から**
⑴　各教科との関連
　【社会】〔地理分野〕　⑴自然環境
　世界的な視野から日本の地形や気候の特色，海洋に囲まれた日本の国土の特色を理解させるとともに，国内の地形や気候の特色，自然災害と防災への努力を取り上げ，日本の自然環境に関する特色を大観させる，という単元での学習内容を，事前の活動段階で活用する。
⑵　特別活動の各活動等との関連
　避難訓練への協力として各種の委員会が行う具体的な活動内容を決定する。〔資料③〕
　事前・事後の学年・学級との連絡調整や当日の準備・片付け等について，学級活動で話し合わせ，各自の行動内容を決定する。
⑶　道徳科の内容との関連
　A⑵〔節度，節制〕　避難訓練を通して危険を回避し，より安全な生活を送ろうとする態度の育成につながっていく。
　B⑹〔思いやり，感謝〕　思いやりの心をもって人と接するとともに，家族の支えや多くの人々の善意により日々の生活や現在の自分があることに感謝し，進んでそれに応え，人間愛の精神を深める。互いの信頼感が緊急対応時に安全・安心を担保する基盤となる。
⑷　家庭・地域との連携，生徒指導との関連など
　予想を超えた未曽有の巨大地震・東日本大震災の経験から，学校での安全教育，安全指導に係る指導内容を保護者や地域の人たちへ周知することが求められている。併せて，万が一の際の協力体制についても相互理解，相互扶助の考えが重要となる。安全保持は，生徒対教師及び生徒相互の信頼関係が基盤となる。本行事を通し，助け合い，支え合いの学校風土を醸成することにより，生徒一人一人の豊かな人間性の育成につながり，生徒指導上においても効果的と考える。

【参考文献】
○埼玉県教育委員会「埼玉県中学校教育課程指導実践事例集」2012年

(4) 旅行・集団宿泊的行事
① 学校行事と主なねらい
〈修学旅行〉

　学年・学級の一員としての自覚を高め，よりよい学校生活を築こうとする態度を育むとともに，仲間と協働しながら歴史や文化を探求していく過程において，歴史や伝統文化のよさを体感し，郷土を大切にしようとする態度を育てる。

② 育てたい力

目標(1)	目標(2)	目標(3)
集団活動の意義や活動上の必要事項の理解と行動の仕方（知識及び技能）	生活や人間関係の課題の発見と解決のための話合い，合意形成，意思決定（思考力，判断力，表現力等）	人間関係のよりよい形成，生き方の深化と自己実現を図ろうとする態度（学びに向かう力，人間性等）
よりよい集団生活の在り方を日常の生活から見直し，公衆道徳などについて理解している。	学校や学年の一員としての自覚をもち，平素と異なる生活環境の中での行動の在り方や人間としての生き方などについて考え，望ましい判断をしている。	自然や文化などに関心をもち，人間的な触れ合いや信頼関係を深め，自主的，自律的に修学旅行に参加しようとしている。

③ どのように学ぶか
(1) 展開（主体的・対話的で深い学び）

・生活アンケートにより学校生活を見つめ直し，学級・学年の課題を発見する。また，課題解決に向けた取組とともに，修学旅行当日の活動が充実するよう実行委員会を組織する。［目標(1)］

・実行委員会の各部会の部長を中心に，活動内容（ルール）や役割分担等の原案を作成し，話合いを通して社会の一員としての自覚を深める。［目標(3)］

・グループ行動の計画を作成する。グループの代表を中心に，話合いにより全員の希望や願いを取り入れながら，よりよい合意形成

につなげる。[目標(2)]
- 漆器加飾や座禅などの体験活動を通して，伝統文化のよさを体感するとともに，携わっている人たちの生き方について学ぶ。[目標(3)]
- 修学旅行の思い出を俳句大会で振り返る。[目標(3)]
- 修学旅行でお世話になった方々への感謝の気持ちを表現する方法を話し合い，決定する。[目標(3)]

(2) 指導上の留意事項
- 生活アンケートにより学校生活を具体的に見つめ直し，改善すべき態度や行動を具体的に考えることができるようにする。
- 学級会では，社会の一員という視点を大切にして，合意形成が図れるようにする。
- グループ行動では，仲間の意見や考えに触れ，自分のよりよい在り方を考えられるようにする。
- 仲間のよさに気付ける活動となるよう役割分担を明確にする。
- 多くの人たちの支えがあって修学旅行ができることを確認し，一つ一つの活動に意欲的に取り組めるようにする。

(3) 資料・教材
- 生活アンケート〈項目〉時を守る（5分前登校，チャイム着席，移動教室，給食配膳，清掃開始，完全下校）。場を清める（ゴミ拾い，無言清掃）。礼を正す（挨拶，身だしなみ，言葉遣い）。
- 各部会からの生活向上運動企画　（班長)チャイム着席キャンペーン，（食事係)給食完食キャンペーン，（美化係）移動教室ゴミ拾いキャンペーン
- 体験活動（座禅体験，漆器加飾，絵はがき）
- お世話になった旅館の方々へ，感謝の気持ちを込めて全員合唱を贈る。

④ カリキュラム・マネジメントの視点から

(1) 各教等との関連

【国語】 各学年のA話すこと・聞くこと

相手の反応を踏まえながら，自分の考えが分かりやすく伝わるように，表現を工夫すること。（第2学年）

進行の仕方を工夫したり互いの発言を生かしたりしながら話し合い，合意形成に向けて考えを広げたり深めたりすること。（第3学年）

(2) 特別活動の各活動等との関連

学年で決めたことを学年生徒が理解できるよう各学級で学級会を実施する。また，取組の成果を掲示物にまとめるとともに，文化祭において「成果発表会」の時間を設ける。

(3) 道徳科の内容との関連

B(6)〔思いやり，感謝〕 思いやりの心をもって人と接するとともに，家族の支えや多くの人々の善意により日々の生活や現在の自分があることに感謝し，進んでそれに応え，人間愛の精神を深める。本行事が，その道徳的実践の場となる。

B(9)〔相互理解，寛容〕 グループ行動はもちろんのこと，宿泊を伴う生活を通し，一人一人が異なる個性をもつことを理解するとともに，互いの個性や立場を尊重し，広い視野に立っていろいろなものの見方や考え方があることを理解しようとする態度を育てる。

C(15)〔よりよい学校生活，集団生活の充実〕 本行事を通して，利己心や狭い仲間意識を克服し，協力し合って，集団生活の向上に努める態度を育てる。

(4) 家庭・地域との連携，生徒指導との関連など

行事の振り返りで掲示物を作成し，文化祭の学年発表で取り上げ，授業のねらいや活動状況を家庭にも伝えることにより，学校教育の一端を理解してもらう。

生徒の生活態度や他者に対する言動については，学校の教育活動全体を通じて，好ましい言動を褒め，問題のある言動を注意するなど，適時適切に教師が指導することにより，生徒の健全な成長が促されていく。

【参考文献】
○国立教育政策研究所教育課程研究センター「学級・学校文化を創る特別活動（中学校編）」2016年3月
○埼玉県連合教育研究会・埼玉県特別活動研究会「特別活動研究集録」

(5) 勤労生産・奉仕的行事

① 学校行事と主なねらい

〈職場体験〉

今の自分を成長させることが，「将来の夢や希望」の実現につながるという意識を高め，自己の生活をよりよくしようとする態度を育む。また，職場体験から学んだことを，日常の学校生活の中で，一人一人が生かせるようにする。

② 育てたい力

目標(1)	目標(2)	目標(3)
集団活動の意義や活動上の必要事項の理解と行動の仕方（知識及び技能）	生活や人間関係の課題の発見と解決のための話合い，合意形成，意志決定（思考力，判断力，表現力等）	人間関係のよりよい形成，生き方の深化と自己実現を図ろうとする態度（学びに向かう力，人間性等）
人間としての生き方や学ぶこと，働くことなどに関心をもち，自己のよさを伸ばしながら，自主的，自律的に日常の生活や学習に取り組もうとしている。	自己の将来に希望を抱き，その実現に向け，現在の生活や学習を振り返り，これからの自己の生き方などについて考え，判断し，実践している。	学ぶことと働くことの意義や情報を積極的に収集し，将来設計に生かそうとしている。

③ どのように学ぶか
(1) 展開（主体的・対話的で深い学び）
・職業人講話や家族への「働くこと」インタビューを行い，将来の夢や職業，働くことなど，自分の生き方について考える。［目標(2)］
・学級活動で自己理解チェックシートに記入し，自分自身のよさについて考える。また，職業特色シートから，自分が将来やってみたい職業の特色を選ぶ。［目標(1)］
・学級活動で中学生としてふさわしい人との接し方，関わり方について配慮点などを話し合い，日常生活の中での自己の在り方を見直し，気持ちのよい接し方を考える。［目標(2)］
・職場体験の日程に1日の活動を振り返る時間を設定し，自己評価と他者評価を通して，次の日の目標設定を行い，より充実した体験活動になるようにする。［目標(2)］
・事後の学級活動では，職場体験の気付きから，よりよい学校生活が送れるようにするための具体的な解決策を考え，実践する。［目標(2)］
・職場体験の実践報告レポートを作成し，発表を行う。［目標(3)］

(2) 指導上の留意事項
・身近な人々の職業や生き方に触れ，自分の将来や仕事を考えることができるようにする。
・自分が理解しているよい点と友人から見たよい点から，自分のよさを再確認できるようにする。また，特定の職業に捉われず，「仕事」「役割」という視点で幅広く考えさせる。
・職場体験の際に，どのような態度で臨むべきかついても指導し，意識の高揚を図る。
・それぞれが活動してきた職場体験の発表を通して，それぞれの思いや学んできたことを共有することで，働くことの楽しさや価値を見いだしこれからの生活に生かす。

第5節 学校行事

(3) 資料・教材

① 事前学習（職業特色シート）

「職業特色シート」 2年　組　氏名			
[やってみたい ○　　悩むなあ △　　やりたくない ×]			
たくさん人と協力する職業	スケジュールを自分で決めることができる職業	働く時間が日によって違う職業	いろいろな決まりをつくる職業
一人で行う職業	スケジュールが決められている職業	働く時間が決まっている職業	主に楽器を使う職業
人と接することが少ない職業	人に何かを教える職業	同じような仕事をくり返すことが多い職業	外国語を使う職業
たくさんの人と接する職業	人を助けたり守ったりする職業	仕事の内容がいろいろと変わる職業	手先を使う職業
主に頭を使う職業	主に室内でする職業	自分で考え工夫する職業	絵やデザインを相手にする職業
主に体力を使う職業	主に屋外でする職業	指示されたことを行う職業	人を楽しませる職業

② 職場体験発表会（ワークシート）

職場体験発表会ワークシート

○級友の発表を聞く前に、自分の考えた働くことへの意義について記入しなさい。

○級友の発表から参考になったことを記入しましょう。

① ［　　　］さんは、職場体験活動で［　　　］へ訪問しました。
発表を聞いて、その職業に必要なことや気づいたこと、考えたことを記入しましょう。

② ［　　　］さんは、職場体験活動で［　　　］へ訪問しました。
発表を聞いて、その職業に必要なことや気づいたこと、考えたことを記入しましょう。

○職場体験と今日の発表会から、自分の適性や働くことの意義を踏まえてこれからの生活で取り組みたいことを自分で決めて書きましょう。

④ カリキュラム・マネジメントの視点から

(1) 各教科との関連

【社会】〔公民分野〕　(2)私たちと経済

　身近な消費生活を中心に経済活動の意義を理解させるとともに、価格の働きに着目させて市場経済の基本的な考え方を理解させる。ま

た，現代の生産や金融などの仕組みや働きを理解させるとともに，社会における企業の役割と責任について考えさせる。その際，社会生活における職業の意義や役割，雇用と労働条件の改善について，勤労の権利と義務，労働組合の意義及び労働基準法の精神を関連付けて考えさせる。

(2) 特別活動の各活動等との関連

学級活動(3)において，職場体験の事前ガイダンスの充実を図るとともに，職場体験を通して得た気付きについても共有化を図る。また，職場体験で学んだことを日常生活に生かす。［資料②］

(3) 道徳科の内容との関連

A(4)〔向上心，個性の伸長〕 自己を見つめ，自己の向上を図るとともに，個性を伸ばして充実した生き方を追求すること。

B(7)〔礼儀〕 礼儀の意義を理解し，職場の人との関わりを通して，時と場に応じた適切な言動をとることができる。

C(12)〔社会参画，公共の精神〕 本行事を通して，社会参画の意識と社会連帯の自覚を高め，公共の精神をもってよりよい社会の実現に努めようとする態度を育てる。

C(13)〔勤労〕 勤労の尊さや意義を理解し，将来の生き方について考えを深め，勤労を通じて社会に貢献すること。

(4) 家庭・地域との連携，生徒指導との関連など

本行事は保護者や地域の人たちが学校と共に生徒の健全な成長に大いに関わるものである。本行事に携わる人たちが，指導，助言すべき内容を共有することで，学校の教育方針への理解を深めることになる。また，生徒が望ましい勤労観，職業観を身に付けようとすることは，生徒指導のねらいである自己指導能力の育成につながる。

【参考文献】
○国立教育政策研究所教育課程研究センター「学級・学校文化を創る特別活動（中学校編）」2016年3月

学校教育法施行規則（抄）
平成29年3月改正

第73条 中学校（併設型中学校，第74条の2第2項に規定する小学校連携型中学校，第75条第2項に規定する連携型中学校及び第79条の9第2項に規定する小学校併設型中学校を除く。）の各学年における各教科，道徳，総合的な学習の時間及び特別活動のそれぞれの授業時数並びに各学年におけるこれらの総授業時数は，別表第2に定める授業時数を標準とする。

別表第2（第73条関係）

区分	各教科の授業時数									道徳の授業時数	総合的な学習の時間の授業時数	特別活動の授業時数	総授業時数
	国語	社会	数学	理科	音楽	美術	保健体育	技術・家庭	外国語				
第1学年	140	105	140	105	45	45	105	70	140	35	50	35	1015
第2学年	140	105	105	140	35	35	105	70	140	35	70	35	1015
第3学年	105	140	140	140	35	35	105	35	140	35	70	35	1015

備考
1 この表の授業時数の1単位時間は，50分とする。
2 特別活動の授業時数は，中学校学習指導要領で定める学級活動（学校給食に係るものを除く。）に充てるものとする。

資 料

中学校学習指導要領
平成29年3月〔抜粋〕

第5章　特別活動

第1　目　標

集団や社会の形成者としての見方・考え方を働かせ，様々な集団活動に自主的，実践的に取り組み，互いのよさや可能性を発揮しながら集団や自己の生活上の課題を解決することを通して，次のとおり資質・能力を育成することを目指す。

(1) 多様な他者と協働する様々な集団活動の意義や活動を行う上で必要となることについて理解し，行動の仕方を身に付けるようにする。

(2) 集団や自己の生活，人間関係の課題を見いだし，解決するために話し合い，合意形成を図ったり，意思決定したりすることができるようにする。

(3) 自主的，実践的な集団活動を通して身に付けたことを生かして，集団や社会における生活及び人間関係をよりよく形成するとともに，人間としての生き方についての考えを深め，自己実現を図ろうとする態度を養う。

第2　各活動・学校行事の目標及び内容

〔学級活動〕

1　目　標

学級や学校での生活をよりよくするための課題を見いだし，解決するために話し合い，合意形成し，役割を分担して協力して実践したり，学級での話合いを生かして自己の課題の解決及び将来の生き方を描くために意思決定して実践したりすることに，自主的，実践的に取り組むことを通して，第1の目標に掲げる資質・能力を育成することを目指す。

2　内　容

1の資質・能力を育成するため，全ての学年において，次の各活動を通して，それぞれの活動の意義及び活動を行う上で必要となることについて理解し，主体的に考えて実践できるよう指導する。

(1) 学級や学校における生活づくりへの参画

ア　学級や学校における生活上の諸問題の解決

学級や学校における生活をよりよくするための課題を見いだし，解決するために話し合い，合意形成を図り，実践すること。

イ　学級内の組織づくりや役割の自覚

学級生活の充実や向上のため，生徒が主体的に組織をつくり，役割を自覚しながら仕

事を分担して,協力し合い実践すること。
　ウ　学校における多様な集団の生活の向上
　　　生徒会など学級の枠を超えた多様な集団における活動や学校行事を通して学校生活の向上を図るため,学級としての提案や取組を話し合って決めること。
(2)　日常の生活や学習への適応と自己の成長及び健康安全
　ア　自他の個性の理解と尊重,よりよい人間関係の形成
　　　自他の個性を理解して尊重し,互いのよさや可能性を発揮しながらよりよい集団生活をつくること。
　イ　男女相互の理解と協力
　　　男女相互について理解するとともに,共に協力し尊重し合い,充実した生活づくりに参画すること。
　ウ　思春期の不安や悩みの解決,性的な発達への対応
　　　心や体に関する正しい理解を基に,適切な行動をとり,悩みや不安に向き合い乗り越えようとすること。
　エ　心身ともに健康で安全な生活態度や習慣の形成
　　　節度ある生活を送るなど現在及び生涯にわたって心身の健康を保持増進することや,事件や事故,災害等から身を守り安全に行動すること。

　オ　食育の観点を踏まえた学校給食と望ましい食習慣の形成
　　　給食の時間を中心としながら,成長や健康管理を意識するなど,望ましい食習慣の形成を図るとともに,食事を通して人間関係をよりよくすること。
(3)　一人一人のキャリア形成と自己実現
　ア　社会生活,職業生活との接続を踏まえた主体的な学習態度の形成と学校図書館等の活用現在及び将来の学習と自己実現とのつながりを考えたり,自主的に学習する場としての学校図書館等を活用したりしながら,学ぶことと働くことの意義を意識して学習の見通しを立て,振り返ること。
　イ　社会参画意識の醸成や勤労観・職業観の形成社会の一員としての自覚や責任を持ち,社会生活を営む上で必要なマナーやルール,働くことや社会に貢献することについて考えて行動すること。
　ウ　主体的な進路の選択と将来設計
　　　目標をもって,生き方や進路に関する適切な情報を収集・整理し,自己の個性や興味・関心と照らして考えること。
3　内容の取扱い
(1)　2の(1)の指導に当たっては,

集団としての意見をまとめる話合い活動など小学校からの積み重ねや経験を生かし，それらを発展させることができるよう工夫すること。
(2)　2の(3)の指導に当たっては，学校，家庭及び地域における学習や生活の見通しを立て，学んだことを振り返りながら，新たな学習や生活への意欲につなげたり，将来の生き方を考えたりする活動を行うこと。その際，生徒が活動を記録し蓄積する教材等を活用すること。

〔生徒会活動〕
1　目　標
　異年齢の生徒同士で協力し，学校生活の充実と向上を図るための諸問題の解決に向けて，計画を立て役割を分担し，協力して運営することに自主的，実践的に取り組むことを通して，第1の目標に掲げる資質・能力を育成することを目指す。
2　内　容
　1の資質・能力を育成するため，学校の全生徒をもって組織する生徒会において，次の各活動を通して，それぞれの活動の意義及び活動を行う上で必要となることについて理解し，主体的に考えて実践できるよう指導する。
(1)　生徒会の組織づくりと生徒会活動の計画や運営生徒が主体的に組織をつくり，役割を分担し，計画を立て，学校生活の課題を見いだし解決するために話し合い，合意形成を図り実践すること。
(2)　学校行事への協力
　学校行事の特質に応じて，生徒会の組織を活用して，計画の一部を担当したり，運営に主体的に協力したりすること。
(3)　ボランティア活動などの社会参画
　地域や社会の課題を見いだし，具体的な対策を考え，実践し，地域や社会に参画できるようにすること。

〔学校行事〕
1　目　標
　全校又は学年の生徒で協力し，よりよい学校生活を築くための体験的な活動を通して，集団への所属感や連帯感を深め，公共の精神を養いながら，第1の目標に掲げる資質・能力を育成することを目指す。
2　内　容
　1の資質・能力を育成するため，全ての学年において，全校又は学年を単位として，次の各行事において，学校生活に秩序と変化を与え，学校生活の充実と発展に資する体験的な活動を行うことを通して，それぞれの学校行事の意義及び活動を行う上で必要となることについて理解し，主体的に考えて実践できるよう指導する。

(1) 儀式的行事

学校生活に有意義な変化や折り目を付け，厳粛で清新な気分を味わい，新しい生活の展開への動機付けとなるようにすること。

(2) 文化的行事

平素の学習活動の成果を発表し，自己の向上の意欲を一層高めたり，文化や芸術に親しんだりするようにすること。

(3) 健康安全・体育的行事

心身の健全な発達や健康の保持増進，事件や事故，災害等から身を守る安全な行動や規律ある集団行動の体得，運動に親しむ態度の育成，責任感や連帯感の涵養，体力の向上などに資するようにすること。

(4) 旅行・集団宿泊的行事

平素と異なる生活環境にあって，見聞を広め，自然や文化などに親しむとともに，よりよい人間関係を築くなどの集団生活の在り方や公衆道徳などについての体験を積むことができるようにすること。

(5) 勤労生産・奉仕的行事

勤労の尊さや生産の喜びを体得し，職場体験活動などの勤労観・職業観に関わる啓発的な体験が得られるようにするとともに，共に助け合って生きることの喜びを体得し，ボランティア活動などの社会奉仕の精神を養う体験が得られるようにすること。

3 内容の取扱い

(1) 生徒や学校，生徒の実態に応じて,2に示す行事の種類ごとに,行事及びその内容を重点化するとともに，各行事の趣旨を生かした上で，行事間の関連や統合を図るなど精選して実施すること。また，実施に当たっては，自然体験や社会体験などの体験活動を充実するとともに，体験活動を通して気付いたことなどを振り返り，まとめたり，発表し合ったりするなどの事後の活動を充実すること。

第3 指導計画の作成と内容の取扱い

1 指導計画の作成に当たっては，次の事項に配慮するものとする。

(1) 特別活動の各活動及び学校行事を見通して，その中で育む資質・能力の育成に向けて，生徒の主体的・対話的で深い学びの実現を図るようにすること。その際,よりよい人間関係の形成，よりよい集団生活の構築や社会への参画及び自己実現に資するよう，生徒が集団や社会の形成者としての見方・考え方を働かせ，様々な集団活動に自主的，実践的に取り組む中で，互いのよさや個性，多様な考えを認め合い，等しく合意形成に関わり役割を担うようにすることを重視すること。

(2) 各学校においては特別活動の

全体計画や各活動及び学校行事の年間指導計画を作成すること。その際，学校の創意工夫を生かし，学級や学校，地域の実態，生徒の発達の段階などを考慮するとともに，第2に示す内容相互及び各教科，道徳科，総合的な学習の時間などの指導との関連を図り，生徒による自主的，実践的な活動が助長されるようにすること。また，家庭や地域の人々との連携，社会教育施設等の活用などを工夫すること。

(3)　学級活動における生徒の自発的，自治的な活動を中心として，各活動と学校行事を相互に関連付けながら，個々の生徒についての理解を深め，教師と生徒，生徒相互の信頼関係を育み，学級経営の充実を図ること。その際，特に，いじめの未然防止等を含めた生徒指導との関連を図るようにすること。

(4)　障害のある生徒などについては，学習活動を行う場合に生じる困難さに応じた指導内容や指導方法の工夫を計画的，組織的に行うこと。

(5)　第1章総則の第1の2の(2)に示す道徳教育の目標に基づき，道徳科などとの関連を考慮しながら，第3章特別の教科道徳の第2に示す内容について，特別活動の特質に応じて適切な指導をすること。

2　第2の内容の取扱いについては，次の事項に配慮するものとする。

(1)　学級活動及び生徒会活動の指導については，指導内容の特質に応じて，教師の適切な指導の下に，生徒の自発的，自治的な活動が効果的に展開されるようにすること。その際，よりよい生活を築くために自分たちできまりをつくって守る活動などを充実するよう工夫すること。

(2)　生徒及び学校の実態並びに第1章総則の第6の2に示す道徳教育の重点などを踏まえ，各学年において取り上げる指導内容の重点化を図るとともに，必要に応じて，内容間の関連や統合を図ったり，他の内容を加えたりすることができること。

(3)　学校生活への適応や人間関係の形成，進路の選択などについては，主に集団の場面で必要な指導や援助を行うガイダンスと，個々の生徒の多様な実態を踏まえ，一人一人が抱える課題に個別に対応した指導を行うカウンセリング（教育相談を含む。）の双方の趣旨を踏まえて指導を行うこと。特に入学当初においては，個々の生徒が学校生活に適応するとともに，希望や目標をもって生活をできるよう工夫すること。あわせて，生徒の家庭との連絡を密にすること。

(4) 異年齢集団による交流を重視するとともに，幼児，高齢者，障害のある人々などとの交流や対話，障害のある幼児児童生徒との交流及び共同学習の機会を通して，協働することや，他者の役に立ったり社会に貢献したりすることの喜びを得られる活動を充実すること。

3 入学式や卒業式などにおいては，その意義を踏まえ，国旗を掲揚するとともに，国歌を斉唱するよう指導するものとする。

編者・執筆者一覧

● 編　者

城戸　茂（愛媛大学教授）
島田光美（日本体育大学非常勤講師）
美谷島正義（東京女子体育大学・東京女子体育短期大学教授）
三好仁司（日本体育大学教授）

● 執筆者

三好仁司（上掲）	1章1節
美谷島正義（上掲）	1章2節
城戸　茂（上掲）	1章3節1〜5
島田光美（上掲）	1章3節6〜7，2章1節・2節
酒巻克太郎（埼玉県加須市教育委員会指導主事）	2章3節1〜2
笹原伸一（埼玉県北本市立東中学校主幹教諭）	2章3節3(1)−(1)(2)
藤舘奈美（埼玉県上里町立上里中学校教諭）	2章3節3(1)−(3)(4)(5)(6)
神成真一（日本体育大学非常勤講師）	2章3節3(2)−(1)(2)
大瀧吉夫（日本体育大学非常勤講師）	2章3節3(2)−(3)(4)(5)
星越健一（日本体育大学非常勤講師）	2章3節3(2)−(6)(7)(8)
藤原一弘（愛媛県松山市教育委員会指導主事）	2章3節3(3)−(1)(2)
石﨑有一（愛媛県松山市立久米中学校教諭）	2章3節3(3)−(3)(4)(5)(6)
野口千津子（埼玉県伊奈町立伊奈中学校教頭）	2章4節1〜2
大胴隆弘（埼玉県加須市立昭和中学校教諭）	2章4節3
中西勇太（埼玉県北本市立北本中学校教諭）	2章5節1・2・3(1)
八木　良（愛媛県東温市立重信中学校校長）	2章5節3(2)・(3)事例①
木村進之介（埼玉県鴻巣市立吹上中学校教諭）	2章5節3(3)事例②・(4)・(5)

［掲載順／職名は執筆時現在］

●編著者プロフィール

城戸　茂（きど・しげる）
愛媛大学教授

昭和34年生まれ。愛媛県出身。愛媛県公立中学校教諭，愛媛県教育委員会指導主事，文部科学省教科調査官（特別活動），国立教育政策研究所生徒指導・進路指導研究センター総括研究官，愛媛大学准教授を経て平成27年から現職。主な著書に『校長職の新しい実務課題』（教育開発研究所）（共著）など。

島田光美（しまだ・みつよし）
日本体育大学非常勤講師

昭和30年生まれ。埼玉県出身。埼玉県公立中学校教諭，埼玉県北本市教育委員会指導主事，北本市内中学校長を経て，平成28年4月から現職。教育経営論を担当。編著書に『中学校担任がしなければならない学級づくりの仕事12か月（2年）』（共著，明治図書）など。

美谷島正義（みやじま・まさよし）
東京女子体育大学教授

昭和29年生まれ。東京都出身。日本特別活動学会常任理事。東京都公立中学校教諭，東京都教育委員会指導主事，同主任指導主事等，公立中学校長を経て，平成26年4月から現職。生徒指導論，特別活動の指導法等を担当。主な編著書に『中学校学級活動のファックス資料集』（明治図書）『特別活動実践指導全集 学級活動 中学校』（日本教育図書センター）など。

三好仁司（みよし・ひとし）
日本体育大学教授

昭和30年生まれ。愛媛県出身。広島県公立中学校教諭，広島県教育委員会指導主事，広島県警察本部課長補佐，文部科学省教科調査官（特別活動），生徒指導調査官，初等中等教育局視学官等を経て，平成25年4月から現職。教員養成に携わり，教師論，教育原理，道徳教育等を担当。編著書に『体罰ゼロの学校づくり』（ぎょうせい）など。

> 平成29年改訂

中学校教育課程実践講座
特別活動

2018年2月15日　第1刷発行

　　　　編　著　城戸　茂・島田光美・美谷島正義・三好仁司
　　　　発　行　株式会社**ぎょうせい**
　　　　　　　　〒136-8575　東京都江東区新木場1-18-11
　　　　　　　　　　　電　話　編集　03-6892-6508
　　　　　　　　　　　　　　　営業　03-6892-6666
　　　　　　　　　　　フリーコール　0120-953-431
　　　　　　　　　　　URL：https://gyosei.jp

〈検印省略〉

印刷　ぎょうせいデジタル株式会社
乱丁・落丁本は，送料小社負担にてお取り替えいたします。
©2018　Printed in Japan　禁無断転載・複製
ISBN978-4-324-10329-6　(3100535-01-013)　[略号：29中課程（特）]

平成29年改訂
中学校教育課程実践講座
全13巻

☑ 豊富な先行授業事例・指導案
☑ Q&Aで知りたい疑問を即解決！
☑ 信頼と充実の執筆陣

⇒学校現場の ? に即アプローチ！
　明日からの授業づくりに直結!!

A5判・本文2色刷り・各巻220～240頁程度
セット定価（本体23,400円＋税）　**各巻定価（本体1,800円＋税）**
　　　　　セット送料サービス　　　　　　　　　　各巻送料300円

巻構成　編者一覧

- **総則**　天笠　茂（千葉大学特任教授）
- **国語**　髙木展郎（横浜国立大学名誉教授）
- **社会**　工藤文三（大阪体育大学教授）
- **数学**　永田潤一郎（文教大学准教授）
- **理科**　小林辰至（上越教育大学大学院教授）
- **音楽**　宮下俊也（奈良教育大学教授・副学長・理事）
- **美術**　永関和雄（武蔵野美術大学非常勤講師）
　　　　　安藤聖子（明星大学非常勤講師）
- **保健体育**　今関豊一（日本体育大学大学院教授）

- **技術・家庭**
　〈技術分野〉古川　稔（福岡教育大学特命教授）
　〈家庭分野〉杉山久仁子（横浜国立大学教授）
- **外国語**　菅　正隆（大阪樟蔭女子大学教授）
- **特別の教科 道徳**　押谷由夫（武庫川女子大学教授）
- **総合的な学習の時間**　田村　学（國學院大學教授）
- **特別活動**　城戸　茂（愛媛大学教授）
　　　　　　　島田光美（日本体育大学非常勤講師）
　　　　　　　美谷島正義（東京女子体育大学教授）
　　　　　　　三好仁司（日本体育大学教授）

株式会社 ぎょうせい
フリーコール **TEL:0120-953-431** [平日9～17時] **FAX:0120-953-495**
〒136-8575 東京都江東区新木場1-18-11　**https://shop.gyosei.jp**　ぎょうせいオンライン 検索